Johann Friedrich von Schulte

Beiträge zur Literatur über die Decretalen Gregors 9., Innocenz 4., Gregors 10.

Johann Friedrich von Schulte

Beiträge zur Literatur über die Decretalen Gregors 9., Innocenz 4., Gregors 10.

ISBN/EAN: 9783743688537

Hergestellt in Europa, USA, Kanada, Australien, Japan

Cover: Foto ©ninafisch / pixelio.de

Weitere Bücher finden Sie auf **www.hansebooks.com**

BEITRÄGE

zur

LITERATUR ÜBER DIE DECRETALEN

GREGORS IX.,

INNOCENZ IV., GREGORS X.

VON

DR JOHANN FRIEDRICH RITTER VON SCHULTE
ORDENTLICHER PROFESSOR DER RECHTE IN PRAG.

WIEN, 1871.
IN COMMISSION BEI KARL GEROLD'S SOHN
BUCHHÄNDLER DER KAIS. AKADEMIE DER WISSENSCHAFTEN.

Aus dem Aprilhefte des Jahrganges 1871 der Sitzungsberichte der phil.-hist. Classe der kais. Akademie der Wissenschaften (LXVIII. Bd., S. 55) besonders abgedruckt.

Druck von Adolf Holzhausen in Wien
k. k. Universitäts-Buchdruckerei.

Meine Absicht ist nicht, an diesem Orte eine Geschichte der Literatur über die Sammlung Gregors IX. zu schreiben, sondern, gestützt auf Handschriften, mehrere Punkte, Schriftsteller und Werke zu besprechen, welche bisher entweder gar nicht oder nicht genügend erörtert worden sind.[1]

Johannes Andreae,[2] nachdem er die Schriftsteller, aus deren Werken Bernardus Parmensis seinen Apparat gemacht hat, aufgezählt hat, führt als dessen contemporanei und sequaces,[3] welche über die Gregorianische Compilation geschrieben haben, nachstehende an:

Vincentius (Hispanus), Goffredus de Trano, Philippus, Innocentius (IV.), Hostiensis (Henricus de Segusia), Petrus de Sampsone, Abbas (antiquus), Bernardus Compostellanus (junior) ‚qui divina providentia non perfecit‘, Egidius Bononiensis (de Fuscarariis), Bonaguida de Aretio, Franciscus Vercellensis, Boatinus de Mantua, Guido archidiaconus Bononiensis (de Baysio). ‚Etiam tantum habuimus *suffragium monachorum*, opus quidem

---

[1] Alle von mir nicht selbst benutzten Handschriften sind mit * versehen.

[2] Novella in decretales Greg. IX. voce Novella §. Demum contemporanei sqq. Diese Angaben sind bisher nicht genügend gewürdigt worden.

[3] Ich löse die Abkürzungen auf und füge die Ergänzungen der Namen in Klammern bei.

superfluitatibus, defectibus et falsitatibus plenum: liceat sic
verum loqui ex eo saltem, quod ignoramus auctorem', „opus
fratris Jacobi canonici sancti Joannis in monte, qui ad hoc
solum laboravit, ut solveret glossarum contraria non soluta'.

Den Umfang ihrer Schriften gibt er auf mehr als 800
petiae¹ an, so dass, abgesehen von den nicht als Apparate
erscheinenden Schriften, mit Zuzählung der Apparate Bernhards
und seiner Vorgänger über 1000 petiae scriptorum herauskämen.²
Später³ führt er an, welche Schriftsteller Vorreden voraus-
schickten, nämlich: „Vincentius¹ nomen suum apponens et
super imperfectione operis veniam postulans' habe über die
Bildung des Rechts vom jus naturale bis auf Gregor IX. gesprochen; Philippus und Goffredus⁵ hätten ihren Namen
nicht beigefügt, aber ähnlich gesprochen, dann das Werk ein-
getheilt; Innocenz IV.⁶ ‚dom. Symbaldus de Flesco de Janua'
fange ohne seinen Namen mit dem Spruche Ezechiels an ‚Ven-
ter tuus comedet' u. s. w.; Hostiensis,⁷ ohne seinen Namen
anzugeben, erzähle, dass er früher seine Summe gemacht; Bernardus Comp.⁸ nenne sich und sage mit Seneca, er habe,

---

¹ Ueber Bücherausleihen und das Schreibwesen zu Bologna v. Savigny,
Gesch. III. Seite 575 ff.
² Damit motivirt er den Breitern die Opportunität seines Werkes.
³ Gregorius an erster Stelle.
⁴ Sarti L p. 333 gibt an, Cod. Barberin. 402 enthalte seinen Apparat.
Mir ist er bekannt aus Cod. 966 fol. membr. s. XIV. der Leipziger
Universitätsbibliothek.
⁵ Er habe seine Summe nach dem Apparate gemacht. — Handschriften,
welche des Phil. und Goff. Apparate enthalten, finde ich nirgends angegeben; mir selbst sind bisher auch keine vorgekommen.
⁶ Sein Apparat ist in zahllosen Handschriften vorhanden, sodann mehrfach
edirt, z. B. viermal im 15. Jahrh. (1478 Strassburg, 1481, 1491, 1495
Venedig). Vgl. Hain 9191 ff.
⁷ Sein Apparat ist angeblich (Sarti l. p. 365) edirt, leider die Ausgabe
nicht angeführt. Ich habe keine Ausgabe gesehen, eben so wenig eine
Handschrift, die ihn sicher hat.
⁸ Aus diesem Citat ergibt sich, dass Joh. Andr. von keinem eigentlichen
Apparate redet, sondern von dem bereits früher als unvollendet angeführten Werke, welches bald als apparatus, bald als apostillae, bald
als casus in decretales angeführt wird und mit den Worten anfängt:
‚Hactenus, ut loquar cum Seneca'. Es endigt mit c. 2. inter corp. X.
de translat. 1. 7. Mir ist nie eine weiter gehende Handschrift vorgekommen (siehe 6 in meinem Iter gallicum Register, S. 494), obwohl die

bevor er schrieb, seine Unkenntniss nicht gekannt; Bonaguida[1] nenne sich und sage, als er über die Decretalen gelesen, habe er Glossen gemacht, worin er seine Erfahrungen als Curialadvocat niedergelegt habe; frater Jacobus[2] nenne sich und gebe das bereits Bemerkte an. Von Petrus de Sampsone, Abbas, Franciscus,[3] Egidius,[4] Guido, Boatinus und dem Suffragium Monachorum sagt er, sie gingen unmittelbar an den Text ohne Vorrede.

Johannes will mithin nur die eigentlichen Apparate besprechen, nicht, was er auch ausdrücklich sagt, die Summen und sonstigen Werke. Da er aber des Bernardus Comp. Werk herbeizieht, lässt sich seine Absicht dahin beschränken, er wolle nur die sich an die einzelnen Capitel anschliessenden Werke behandeln. Aber vollständig ist er in keinem Falle, da Guilelmus Naso übergangen ist.

Für die Literaturgeschichte sind die übrigen Werke (Summae, Casus u. s. w.) gerade so bedeutend, als die Glosse, weil die spätere Literatur — ein Blick in die Werke von Johannes Andreä lehrt es — auf ihnen mindestens ebensosehr ruhet, als auf den Glossenapparaten. Ich nehme daher in Folgendem auf die Art der Schriften keine Rücksicht, sondern nur darauf, beizutragen, dass der innere Zusammenhang der Werke unter einander und die Geschichte der Rechtsentwicklung selbst aufgehellt wird.

---

meisten das Explicit haben. Die von Sarti angeführten Ausgaben beruhen auf einer Verwechselung mit dem Casus longi des Bernardus Parmensis; ich kenne keine Ausgabe.

[1] Oft in der Novella citirt; der Apparat ist mir handschriftlich nicht vorgekommen.

[2] Wohl Jacobus Bonacosa. Vgl. Sarti I. p. 376.

[3] Seine Werke kenne ich aus Handschriften bisher nicht.

[4] Vgl. Jo. Andr. ad Speculum L. I. tit. de dispens. §. 5. Nimis detrahit etc. Bei v. Savigny V. S. 524 ist angegeben, ein kleines Stück aus dessen Commentar zu den Decretalen stehe in einer Handschr. der Leipziger Universitätsbibliothek. Ich kenne es nicht, alle Miscellanbände genau durchzublättern war mir bisher nicht möglich. —

Citate aus allen Genannten und den folgenden findet man in der Novella von Johannes in grosser Menge. Deshalb ist es leicht, den Verfasser eines anonymen Commentars zu eruiren, wenn er zu den genannten gehört. Mit Rücksicht darauf (die Novella hat wohl jede grössere Bibliothek) theile ich keine Stellen mit.

Guilelmus Naso.[1]

I. Ueber diesen Schriftsteller besass man bisher nur kurze Notizen, die sich darauf reducirten, dass er um 1227 zu Bologna gelehrt habe (Diplovataccius), Schüler des Alanus gewesen sei und die Compilationes antiquae glossirt habe. Diese Glossen sind nach der Angabe der Alten von Bernhard von Parma bei Abfassung der Glossa ordinaria vielfach benutzt worden. Von sonstigen Werken oder Näheres über seine Schriften weiss weder Sarti, noch ein anderer der älteren, mit Ausschluss von Panzirolus, welchem Sarti mit Unrecht vollständiges Ignoriren desselben zuschreibt. Panzirolus sagt, er habe auch Glossen zu den Decretalen Gregors IX. geschrieben. So unzuverlässig Panzirol ist, diesmal hat er das Richtige getroffen, ob auf Grund der Kenntniss solcher Glossen, oder gestützt auf fremde Mittheilungen, ist schwer zu sagen. In der zu beschreibenden Handschrift ist der Apparat des Naso enthalten. Ein Zweifel an der richtigen Angabe der Handschrift kann um so weniger aufkommen, als sie nicht blos den Namen an der Spitze der Summe hat, sondern, wie sich zeigen wird, auch im Verlaufe der Darstellung wiederholt.

A. Lectura in decretales.

II. Sie ist enthalten im Codex der Wiener kais. Hofbibliothek num. 2083. s. XIV. fol. 45b bis 76. Vorauf geht die Ueberschrift: Summa Guilelmi Nasonis. ‚Incipit summa magistri Guilhelmi Nasonis'.

‚Gregorius. Sed nonne iste dominus gg vocabatur Gregorius, antequam promoveretur ad apicem summi pontificatus? Et certe non; immo vocabatur Hugo. Ergo incongrue vocatur Gregorius, quia inventio nominis est prohibita j. de sent. excom. perpendimus. Immo, bene congrue vocatur Gregorius, quia hoc nomen Gregorii interpretatur vigilans et papa vigilare debet pro

---

[1] Sarti de claris archig. Bonon. profess. I. p. 342. Diplovataccius fol. 167 (nach der früher Savigny gehörigen Abschrift der Berliner Bibliothek). Panzirolus L. III. c. 8. Jo. Andr. in addit. ad proem. Speculi Guil. Durantis. — Glossa ord. ad c. 37. X. de appell. II. 28. Mein Lehrbuch ². Aufl. Seite 56, Note 40.

omnibus Christi fidelibus. Alia etiam efficaciori ratione, quia, cum omnis actio Christi nostra sit instructio II. q. I. unus et s. de off. ord. si sacerdos, ac ipse mutavit nomen Petri, qui primo vocabatur Symon et postea vocatus fuit Cephas, quod interpretatur Petrus, vocando ipsum tertios Po. et scil. h. P. c. c. m., patet, quo exemplo domini, qui mutavit nomen Petri, nomen papae mutari debet'.[1]
III. Die Methode ergeben folgende Stellen: Zu C. 1 de const. ,.. ergo secundum canones in foro saeculari cum de separatione agitur, vel consimilibus, iudicandum erit. j. de praescript. quoniam'.[2]
C. 9 de const. ,.. super hoc dicit magr. G. Nas. quod haec decretalis diversis respectibus ius continet'.
C. 11. de rescr. ,peccatum. Nas. dicit, quod, licet sit falsa latinitas in rescripto, dummodo possit haberi rectus intellectus, et de intentione papae constet, valet rescriptum: j. de fide instrum. ex parte. Si autem ita sit intricatum, quod nullo modo possit fieri constructio nec per constructionem possit rectus intellectus haberi, tunc habet locum, quod hic dicit. Et facit pro eo, quod dicit litera constructione, quia aliquo modo non possunt construi i. e. coniungi dictiones. Unde, si diceretur in rescripto: magr. P. nobis conquerendo monstravit, valet rescriptum, quia mutatio huius literae n. in m. non nocet; quia, si etiam omitteretur non noceret: j. de fide instrum. ex parte. Nec ordo scripturae attenditur, sed potius quod de jure sumitur: j. e. eam quae'.
So unzähligemalen: G. dicit, G. Naso dicit, in fine glo ... G., G. Naso dicit, oder blos Naso dicit, z. B. cum terra de cloct. Oft steht auch am Ende des caput N., theils ohne dass der Name vorgekommen ist, z. B. c. nullus, significasti, cum inter, qualiter, 18. 26. 28. 20. (G. N.)

---

[1] Dazu am Rande: ,Vel potest dici, quod ideo fit mutatio nominis, ut mala nomina mutarentur in papa, cum quidam vocaretur os paci cui non erat nomen mutatum.'
[2] Dass diese Glosse Naso angehört, folgt aus Petrus de Sampsone. Vgl. dessen unten abgedruckte Glosse; u. Joh. Andr. Novella ad h. l. ,per hanc literam dicit G. Na. quod, si de re ecclesiastica agatur coram iudice saeculari, iudicabit causam secundum canones, non secundum leges, ut in praescriptione.'

31. 32. 34. de elect. u. s. w., theils selbst wenn in demselben der Name vorkommt, z. B. c. bonao de post.; cum terra, ecclesia vestra (57) de elect. u. s. w.
Einige Glossen sind sehr ausführlich. So enthält z. B. die zu c. 42 de elect. einen förmlichen Tractat über die Wahlen gezeichnet N. — Der Commentar erstreckt sich nicht über alle Capitel, noch auf alle Titel. Im 5. Buche sind nur die de accus., de sym., de raptor., de usuris, de poenis, de poenit. et remiss., de sent. exc. behandelt.

B. Distinctiones.

IV. Auf das vorhergehende Werk folgen ohne jeden Absatz, fol. 71, Erörterungen zu:
de consuetudine c. quum tanto 11. de sent. exc. c. per tuas 40. de off. et pot. iud. del. c. quum contingat 36. de cohab. cler. c. vestra 7. gezeichnet am Ende P. de simonia c. per tuas 32. gez. P. de elect. et electi pot. c. quia propter 42. gez. P. de off. jud. 2. Judicis 2. de transact. c. super eo 7.[1] (de in int. r.) c. auditis 3. de lib. obl. c. ignarus 1. de lit. cont. c. except. de dolo et cont. c. finem 5. de conf. c. ex parte 3. de appell. c. pastoralis 53. de sent. et re iud. c. inter monast. 20. de accusat. c. qualiter et quando 17. de fide instrum. c. quum Joh. 10. Ende: „Sit nomen domini benedictum" etc.

V. Wir haben in dieser Handschrift eine Zusammenstellung der Glossen von Naso zu Capiteln, welche in den Gregorianischen Decretalen stehen. Da dieselbe in der Einleitung sich nur auf die Gregorianischen Capitel bezieht, da aber Capitel commentirt werden, welche von Gregor IX. herrühren, so könnte nur dann noch bezweifelt werden, Naso habe die Gregorianischen Decretalen commentirt, wenn man annehmen wollte, die Zusammenstellung rühre von einem Dritten her, welcher die Einleitung und die Glossen zu den von Gregor IX. herrührenden Decretalen gemacht habe. Zu einer solchen Annahme liegt aber kein Grund vor. Vielmehr spricht Positives dagegen, dass in den auf die Summe zu den Decretalen

---

[1] Dieser Commentar steht auch in des Petrus de Sampsone summa desselben Codex fol. 15b u. fol. 16.

folgenden Erörterungen, welche Naso nicht angehören, der Autor bezeichnet ist. Anders aber verhält es sich mit der Frage: ob Wilhelm Naso selbst seine Glossen in Gestalt einer Lectura zusammengestellt habe oder ein Anderer, etwa Petrus de Sampsone? Für die Zusammenstellung durch eine zweite Person spricht die öftere Anführung ‚G., N. dicit' u. drgl. Auch ist nicht zu bezweifeln, dass wiederholt die Schüler solche Zusammenstellungen gemacht haben, wie wir dies von Tancredus positiv wissen.[1] Wohl aber dürfen wir aus der Kürze des Werkes und dem Vorwiegen der blossen Commentirung einzelner Capitel und den sonstigen Nachrichten schliessen, dass die Thätigkeit Wilhelm's nicht viel über das Jahr 1234 hinaufgeht. Dass sie vor die Glossa Bernhard's von Parma fällt, folgt daraus, dass letztere Naso citirt.[2]

Johannes Hispanus de Petesella
und seine
Summa super titulis decretalium.

VI. Sarti (I. pag. 351., II. p. 116, wo die ersten Zeilen der Vorrede mitgetheilt werden) erwähnt nach * Cod. Vatic. 2543 p. 138 bei Johannes de Deo ein Werk, das ebenso anfängt als das zu besprechende, und meint, es könne Joh. de Deo angehören, weil er in den Zusätzen zu Huguccio eine solche Summe als von ihm geschrieben angebe; Sarti hebt aber zugleich hervor, es stehe entgegen, dass er sich nicht de Deo nenne und als Compostellanus bezeichne, was auf einen andern Autor deute, wenn nicht die Unwissenheit des Schreibers die Schuld trage. Er hat unzweifelhaft das Werk nicht genauer untersucht. Savigny (V. S. 479) meint, vielleicht könne dies von Sarti beschriebene Werk identisch sein mit der tabula decreti, tab. decretalium, notabilia cum summis super titulis decretalium (et decretorum); Seite 467 Note d. sucht er aber positiv sogar das Compostellanus auf Johannes de Deo zu deuten und verwirft ganz die bei Sarti offen ge-

---

[1] Meine Literaturgesch. der Comp. ant. S. 71 (Sitz.-Ber. LXVI. Bd. S. 121).
[2] Siehe auch unten bei Abbas antiquus unter Guil. Naso.

lassene Beziehung auf einen andren. Das ist so ziemlich Alles, was über dies Werk gesagt ist, von dem bisher nur ein paar Zeilen bekannt sind.

VII. Meiner Erörterung liegt zu Grunde der Cod. ms. membran. num. 1009 (847) der Leipziger Universitätsbibliothek in 8° saec. XIV. enthaltend 299 Blätter; die Schrift in je 2 Columnen mit 31 Zeilen ist sehr leserlich.' Das Werk füllt den ganzen Band, weicht dadurch im Umfange bedeutend ab von den meisten des Johannes de Deo.

Die Vorrede lautet:

„Precibus sociorum et instantia congruenti et mandato domini F. illustrissimi A. quondam regis Legionensis filii, ego *magister Johannes Hyspanus Compostellanus natione*, ad honorem sanctae ecclesiae Romanae ac studentium utilitatem, *summam super titulis decretalium* aggredior componere, super operis imperfectione veniam a lectoribus postulando. Unde videamus primo, quae sit compilationis materia, quae intentio, quis auctor, quae utilitas, quis modus agendi, cui parti philosophiae supponitur. Materia sunt quaedam utilia capitula, quae iu corpore canonum, in registro Gregorii et iu Brocado dimiserat Gratianus; **decretales epistolae et summorum pontificum constitutiones**. Intentio domini Gregorii, prout ipse in prooemio profitetur, est, decretales et constitutiones in diversa volumina dispersas ad unum reducere et multa inde superflua et incerta, quae in praedictis compilationibus continebantur, rescindere et ad certitudinem revocare, et quaedam addere, per quae jus canonicum illuminatur. Auctor, quantum ad auctoritatem, fuit Gregorius IX., quantum ad ordinandam compilatiouem fuit frater Reimundus. Utilitas evidens est, quia, perlecta et intellecta compilatione, sciet quilibet discernere inter aequum et iniquum, et jus suum cuique tribuere. Modus agendi est talis: dividit opus in v. libros, in primo tractat de constitutionibus et rescriptis, de clericorum ordinationibus et judicibus eorumque officiis; in secundo de judiciis et eorum [eis], quae ad processum judiciorum requiruntur; in tertio de vita et honestate clericorum et rebus eorundem; in quarto de sponsalibus et matrimonio et eorum impedimentis; iu quinto de accusationibus clericorum, de criminibus et poenis eorum. In qualibet rubrica primo ponit priorum constitutiones et secundum quod fuerunt in ordine positae sic eorum ordinat constitutiones. Supponitur ethicae i. e. morali scientiae secundum quod alii libri juris.'

De summa trinitate et fide catholica. Cum omnia ab ipsa trinitate processerint, ut in exordio Johannis: ‚in principio erat verbum' et C. de vet. jure enucl. l. i. circa princ., et infra e. firmiter circa princ., merito prius de summa trinitate et fide catholica rubrica supponitur' cet.

Was zunächst das Verhältniss der Theile zu einander und die Vollständigkeit der Handschrift betrifft, so umfasst Buch I. fol. 1—85 erste Col., B. 2. fol. 87—179 erste Col., B. 3. fol. 181—252 erste Col., B. 4. fol. 253—276. Von Buch V. steht fol. 277, 278a nur ein Stück des ersten Titels, dann beginnt der Text wieder fol. 281a mit dem Titel de clerico percussore, dessen Rubrik der Rubricator die Bemerkung voranschickt: ‚hic desunt XXII. tituli.' Der Zwischeraum ist leer jedes Buch hat sein Incipit und Explicit. In B. 3 geht die Summe sofort vom tit. de baptismo zu dem de observ. jejuniorum, fol. 249 hat der Rubricator beigefügt: ‚hic transit tres titulos, nichil tractans de eis'.

Es endigt also: ‚.. Nihil enim est tam generaliter dictum, quod non recipiat exceptionem. Sed jam huic opusculo finem imponentes in hiis, quae tum ex ignorantia tum ex universo negotio in cursu minus prudenter, minus sufficienter scripsimus, a vobis, Karissimi socii, veniam postulamus, ei autem, qni est bonorum omnium retributor, de nostris scriptis grates referendo.' ‚Explicit liber quintus.'

VIII. Verfasser des Werkes ist ganz unzweifelhaft nicht Johannes de Deo, sondern, wie der Eingang sagt, Johannes Hispanus. Weil über diesen gar wenig bekannt ist, bietet die Schrift zugleich für sein Leben und Wirken einen wünschenswerthen Beleg. Bei Durantis und Johannes Andreae wird nur der ältere Johannes Hispanus genannt, von dem letzterer angibt,[1] er habe eine lectura super decreto gemacht, worin er keine Decretale citire. Diplovataccius[2] kennt auch

---

[1] Additio ad Gull Durantis, Speculum in prooemio.
[2] Abschrift Savigny's in der Berliner Kön. Bibl fol. 148.

nur diesen älteren. Sarti[1] weist urkundlich einen zweiten Johannes Hispanus mit dem Beinamen de Petesella nach, der magister genannt wird und 1223 bei dem Compromiss mit Tancred und Petrus Hispanus intervenirt, vermuthet auch, derselbe sei Professor des canonischen Rechts gewesen. Savioli[2] führt an, dieser Johannes Hispanus sei von Bologna nach Padua gegangen. Diese Angabe führt auf das Wahre und stimmt, wie sich zeigen wird, ganz mit dem Werke überein. Wir finden nun auch in der That unsern Johannes zu Padua, wo er am 27. März 1229 zugleich mit Jacob von Piacenza und anderen ein Gutachten abgab.[3]

Ich glaube nun aus dem Werke selbst beweisen zu können, dass sein Autor erstens aus Compostella[4] stammt, zweitens

---

[1] L. pag. 289. „Hunc (den älteren) recte Diplovataccius scribit vixisse cum Rufino, Silvestro, Joanne Faventino, aliisque antiquioribus Decretorum Interpretibus. Floruit igitur decurrente XII. saeculo, nec XIII. attigisse videtur: cuius circiter anno XX. Bononiae degebat Magister Joannes Hispanus, alter a superiore, de Petesella vocatus. Atque hunc etiam existimo canonum professorem fuisse. Interfuit hic anno MCCXXIII. cum Tancredo Archidiacono Bononiensi, et Mag. Petro Hispano, aliisque viris clarissimis, cuidam compromisso, de quo in tabulis Monachorum S. Stephani, nunc Senatus Bononiensis. (f).' Die Note f lautet: ‚An. MCCXXIII. die ult. exeunt. Mart. Indict. XI ..... presentibus Mag. Tancredo canon. Bonon. Mag. Petro Hispano magistro Decretorum. Mag. Joanno Hispano de Petesella' etc. Seraf. Mazzetti Repertorio di tutti i Professori ... di Bologna, Bol. 1847 pag. 155 schreibt trotzdem, Sarti setze ihn in die Zeiten des ältern, citirt aber die Seite bei Sarti richtig! Den Beinamen schreibt er Betesella.

[2] Annali Bolognesi vol. III. p. I. pag. 14. Ueber die Bedeutung dieses Werkes vgl. v. Savigny III. S. 138.

[3] Franc. Maria Colle Storia scientifico-letteraria dello studio di Padova. Pad. 4°. Vol. III. (1825) pag. 7. Bei Verci Storia della Marca Tom III. pag. 69., wie Colle schon anführt, erscheint ein Johannes Hispanus 1261 als Professor des canonischen Rechts zu Vicenza. Ob Beide identisch seien, überläst Colle fremder Forschung.

[4] Ich will dabei ganz davon abstrahiren, dass Compostellanus als Schreibfehler für Ulixbonensis anzunehmen unmöglich ist. Dies hält Sarti für möglich, weil er das Werk, von dem er gewiss nur die Vorrede gelesen, Joh. de Deo glaubt beilegen zu dürfen. Dass Savigny V. S. 467. d. Compostellanus als Beiwort für Joh. de Deo erklären zu können, glaubt aus folgenden Argumenten: Hispanus habe er sich nennen können, theils weil dies jeden Eingebornen der pyrenäischen Halbinsel bezeichne, theils weil der Bezirk von Allgarbien im 13. Jahrh. zwischen Spanien und

in Bologna und Padua gelehrt hat. Wir haben einmal gar keinen Grund, anzunehmen, dass ein Schriftsteller selbst sein Vaterland nicht kenne; er gibt dies aber positiv an. Jeder Zweifel hört aber auf, sobald man folgende Stellen ins Auge fasst. Er sagt im Eingange, dass er sein Werk schreibe auf Geheiss des Prinzen F. von Leon; das Königreich Leon gehörte zur Provinz von Compostell. Im Tit. de postulatione fol. 216 steht folgendes Formular:

„Invocato s. s. ad honorem dei sancte quoque compostellano ecclesie exaltationem eligo cancellarium domini regis legionensis postulandum in archiepiscopum compostellanum."

Im Tit. de locato et conducto fol. 215b heisst es:

„Sed pone quod talis contractus fuit initus inter praelatum aliquem et alium, quod ipse omnes oblationes peregrinorum factas in aliquo eodem anno perciperet, et propter hoc dedit C. marchas, secundam antiquam consuetudinem, ut aliquid ex hoc contractu lucraretur. Sed hoc anno non fuit ita bona peregrinatio secundum quod consueverat esse et sic vel nihil vel parvum inest. Quaeritur, utrum hoc casu sit remissio facienda? Et iste casus frequentissime de facto accidit in nobilissima civitate Compostell. Et quidem dico, hoc casu nullam remissionem faciendam, nec dico, hoc casu esse contractum locationis sed potius emtionis."

Im Tit. qui matrim. accusare poss. fol. 272a steht folgendes Formular:

„Anno ab incarnatione domini MCCXXXVI indictione nona residente domino gregorio IX. summo pon. in se. ap. et magister b. archiepiscopo in Compostell'm X. die intrante ianuarii ego p. accuso mariam uxorem meam apud vos, domine decane compostell'n., quia dico, eam commisisse adulterium cum f. tali die in civitate compostell'. in domo mea in mense augusti anni nuper transacti, et hoc paratus sum legit'me probare. Unde peto ab ipsius cohabitatione et servitute (si tenebat) absolvi."

Fol. 107 erwähnt er bei den Ferien, dass sic wegen der Ernte gegeben würden und sagt: „ut in gallecia propter

Portugal streitig gewesen, Compostellanus, weil ganz Spanien unter dem Schutze des Heiligen von Compostell stand, halte ich für mehr als gewagt.

colligendas castaneas.' Diese Stellen und andere im fol. 98, 99, fol. 203, 248 u. s. w., in denen von Compostell, gallicia die Rede ist, Eigenheiten angeführt werden, lassen keinen weitern Zweifel aufkommen; denn wie ein Fremder dazu käme, solche zu Beispiele zu wählen und in solcher Art die Gegend zu loben, wäre unbegreiflich.

Für seinen Aufenthalt in Padua und Bologna sprechen eine ganze Anzahl von Stellen, worin er beide Städte erwähnt. Ich will nur einige mittheilen.

Fol. 6 a. „Sed pone, aliquem impetrare rescriptum: ‚infra duas dictas extra provinciam' non tamen potes ponere: extra in padua et angiensi dioecesibus.'

Fol. 28 b. „Fiat decretum electionis hoc modo. Anno ab incarnatione domini MCCXXXIII indictione VIII. die intrante Marcio archypresbytero paduano et aliis canonicis, qui potuerunt et voluerunt interesse, corpore bone memorie g. quondam episcopo tradito sepulture, presentes g. in. et ceteri cauonici ecclesie eiusdem, qui ad requirenda vota singulorum a capitulo fuerant assumpti, ibidem votis singulorum requisitis et statim in medio publicatis, collectione habita super votis et numero nominantium et zelo ipsorum et super personis nominatis, quia plures numero, quorum subscriptiones infra continentur, martid'. montanis consenserunt, habita potestate ab illis, qui in ppm. in scrutinio consenserant, cum vice omnium eligendi ipsum in paduanum episcopum eligerunt.'

119 b. „Verbi gr. Volebam vendere decretales pro XX., persuasisti, quod bononie quae valebant X. quod bonon. non valerent X.¹ Fidem tibi adhibens vendidi tibi pro minori. Hoc casu, cum sit bone fidei contractus, purgabitur dolus usque ad ultimum denarium.'

Fol. 181 a. „Clerici in ecclesiasticis [ecclesiis] collegiatis debent, prout prima facie videtur, insimul vivere ita, quod in eadem domo vescantur et sub uno tecto dormiant, ut j. e. quoniam. Id tamen intelligo de regularibus, vel ubi hoc de consuetudine observatur, ut in canonica bononiensi.'

Können auch diese Stellen nicht als directer Beweis gelten, so ist doch evident, dass ihm beide Orte nahe standen.

---

¹ Ich habe absichtlich die offenbaren Schreibfehler nicht verbessert.

Nimmt man hinzu die darzulegende genaue Bekanntschaft mit der Literatur Bologna's, den Umstand, dass kein Gegensatz zu Bologna auftaucht: so lässt sich nicht bestreiten, dass die angeführten urkundlichen Nachrichten unbedingt auf den Verfasser unseres Werkes passen. Hierzu kommt für Bologna noch die folgende Stelle, welche offenbar von einer Zeit redet, wo Philippus, der seit 1244 als Archidiacon erscheint[1], noch nicht diese Würde bekleidete, nämlich fol. 138 b.

„Sed numquid ista indistincte intelliges, quod superius dixi, scil. advocatum non posse testificari. Resp. pro clientulo suo testificari non poterit, et sic loquitur ff. de testibus l. ult. Sed numquid contra ipsum? Et quidem dominus Azo dixit indistincte, quod sic. Sed cum in causa, quam movebat comes de pisano contra episcopum tridentinum peteretur ex parte comitis, quod magister philippus, qui erat mecum pro parte episcopi, deberet deponere tanquam testis, et nos allegaremus de consilio domini mei et aliorum proborum virorum, judices interlocuti fuerunt, quod poterat induci testis a parte comitis super hiis, quae tanquam advocatus non didicerat; super hiis enim, quae didicerat tanquam advocatus, deponere non debebat. Et hanc sententiam approbo."

Nach den obigen Mittheilungen aus Colle kommt Johannes in Padua 1229 urkundlich vor. Ob er nun dort geblieben oder wieder nach Bologna gegangen ist, lässt sich nicht feststellen. Fasse ich aber das Wahlprotokollformular vom Jahre 1233 ins Auge, so darf ich wohl die Vermuthung aussprechen, er habe zu jener Zeit und auch zur Zeit der Abfassung dieses Werkes in Padua nicht mehr dozirt. Das Wahlformular ist fingirt, denn[2] im J. 1233 fand dort keine Bischofswahl statt, da der 1229 gewählte Jacobus Corradus bis 1239 regierte, worauf bis 1250 Sedisvacanz war, der dann gewählte Bapt. Forzatus aber erst nach Jahren zur Besitzergreifung gelangte in Folge der Zustände unter Ezzelino. Das Jahr 1233 hat aber wohl nicht im Original gestanden, da in diesem Jahr die VI. Indiction fällt. Entweder stand also dort VI. ind. oder 1235. Letzteres

---

[1] Sarti II. p. 39. Er weiss aber nichts über seine weitere Wirksamkeit zu sagen. Joh. Andreae l. c. erwähnt nur den Namen.
[2] Ughelli Italia sacra Tom. V. col. 445 ff.

scheint mir mit Rücksicht auf das ganz richtige Formular von 1236, wo die Indiction mit Buchstaben geschrieben ist, ziemlich sicher zu sein. Ich halte nun für sehr unwahrscheinlich, dass er in Padua lehrend den Tod des Bischofs fingiren sollte. G. ist freilich nicht der Name dieses, kann aber doch leicht ihn bezeichnen (Giacomo).

IX. Die Summa selbst bildet nach dem Vorbilde der von Bernardus Papiensis und Damasus eine eigentliche Summa, indem die Gegenstände der einzelnen Titel ohne jeden Anschluss an die einzelnen Capitol nach selbstgewählter Ordnung theoretisch erörtert werden, wobei die Capitel selbst durchweg nur zum Belege angeführt, einer Interpretation hingegen nur insoweit unterzogen werden, als man dies überhaupt zur Begründung einer Ansicht bei einem Quellencitat thun muss. Folge dieser freieren Behandlung ist, dass die Summe über den Inhalt der Titel hinausgeht. So erhalten wir eine Theorie der pacta (tit. de pactis), im tit. de eo qui mittitur in poss. etc. eine Abhandlung über Interdicte, die Theorie des Vergleichs (de transact.), des Kauf-Mieth-Vertrags, der precariae, ein eignes Capitel de interesse beim tit. de emt. et venditione u. s. w. Die Stärke unseres Autors liegt in jenen Materien, die auf dem römischen Rechte ruhen, dem Prozesse angehören oder eine civilistische Seite haben. Es zeigt sich dies auch in dem Verhältnisse der Theile zu einander, da die zwei ersten Bücher weit über die Hälfte des Werkes einnehmen, das vierte sehr kurz ist, die civilistische Durchbildung, wo es angeht (z. B. de off. jud. doleg. u. a.) unbedingt überwiegt. Dies deutet darauf, dass er von Haus aus Civilist war. Nie bezeichnet er einen Canonisten als seinen Lehrer, der dominus meus ist Civilist gewesen. Eigenthümlich ist dem Werke und zeichnet es aus vor fast allen canonistischen seiner Zeit eine fortwährende Polemik. Bevor ich diese näher schildere, muss ich einen damit zusammenhängenden Punkt besprechen.

X. Wir finden in dem Werke eine Benutzung der Literatur unter durchgehender namentlicher Anführung der Autoren, wie kaum ein zweites Werk sie enthält. Von Legisten führt er an:

1. Irnerius. fol. 275b „Sed quid, si emancipate filie pater dotem constituat, numquid idem est dicendum (nämlich

die Restitution an den Vater und die Tochter im Falle des divortium) dominus y. dixit, quod sic, per iura ff. de jure dot., profectitia §. penult., soluto matrimonio filie. Sed contrarium est verum: C. de rei ux. act. l. I. §. accedit.'

2. Bulgarus, bald ausgeschrieben, bald dominus b. Vgl. fol. 103b, 117b, 122a, 165b, 204b, 211a.

3. Martinus Gosia. Dominus M. fol. 122a, 295b.

4. Jacobus (de Porta Ravennate). ‚Dominus Ja.' f. 125a.

5. Rogerius. ‚Dominus R.' fol. 220b.

6. Albericus. fol. 18a, wo er mit vollem Namen steht ‚tertia est opinio domini *alverici*.' fol. 220b.

7. Placentinus. Aus ihm führt er unter ausdrücklicher Hervorhebung dieses Umstandes Stellen (Definitionen) wörtlich an, wie er seine Summe und sein Werk de varietate actionum überhaupt viel benutzt hat.

8. Johannes Bassianus, der sehr oft angeführt wird; eine Stelle möge Platz finden fol. 100a: ‚Locum habet reconventio in omnibus casibus, illis duntaxat exceptis, qui in sequenti §. notantur. Sed utrum fieri possit reconventio lite non contestata dubitatur. Est tamen opinio solempnis *tam dominorum quam doctorum*, quod non audietur lite contestata, nisi ab inicio reconveniat vel saltem protestetur et inducunt pro se C. de sentent. et interloc. judic., auth. et consequenter, C. de satisdat. l. unica. *Dominus Jo.* fuit in contraria sententia, dicebat enim, quemcumque durante primo judicio actorem posse reconveniri, et intedebat pro ff. de judicio l. II. §. item si extra. Ego sententiam domini Jo. approbo et probatur expresse infra o. c. 1.'

9. Pillius. Der Name ist einzeln ausgeschrieben, einzeln pi. oder py. mit dominus.

10. Azo. Ihn citirt er von allen Civilisten am meisten; fast immer ist der Name ausgeschrieben, seltener az. Einzeln wird beigesetzt in Summa (64b, die zum Codex gemeint).

11. Nicolaus Furiosus. Fol. 49b (tit. de bigamis non ord.) ‚Cum bigamo dico dominum papam dispensare posse plenarie, licet quidam negent, ut nicholaus furiosus, et sui sequaces, qui similiter sunt furiosi et (in) hac parte, quia negant potestatem ecclesie romane et claves fuisse datas petro et per ipsum successionibus (successoribus) suis. Concedunt

tamen, quod usque ad subdiaconatum posse (posset) in talibus dispensari."[1]

12. Lanfrancus. Der Legist wird z. B. als dominus la. Ian. citirt fol. 101 a, 113 a, 151 a.

13. Jacobus de Ardizone. Fol. 122 b. „Sed utrum actor missus in possessionem, cum reali actione agit, possideat vel non, dubitatur. Et quidem diversi super hoc diversa sentiunt. Dominus bul. dixit, talem non possidere sed est tantum in possessione, ut reus tedio affectus veniat responsurus. Unde dixit, talem potius custodiam quam possessionem habere. Inducebat ad hoc ff. de adquir. poss., possideri §. ult.; unde reus, praestita cautione judicio sisti et restitutis expensis infra annum recuperat possessionem, post annum autem incipit possidere et reus efficietur de possessione petitor, et sic intellexit legem C. de praescript. XXX. vel XL. annor., si quis emtionis §. ult. Et hoc dixit habere locum ante litis contestationem. Dominus M. et dominus Jo. dixerunt, missum in possessionem, cum ago reali actione, statim possidere, si ante l. con. non sit missio facta, sed reus veniens infra annum recuperat possessionem, sed postea non auditur, nisi velit de proprietate litigare; et hoc colligebant ex verbis illis praeallegate legis si quis emptionis §. ult. in eo quod dicit prior possessor. q. dicat nunc non possessor. Et facit pro eis ff. de dampno infec., a quo. Hanc sententiam approbat dominus ard. et eosdem sequitur lan. Et quod dicitur supra ut lite non con., quoniam frequenter §. in aliis, et infra de dolo et cont., contingit, exponit: verus constituatur post annum i. e. vere et incommutabiliter. Unde secundum ipsos proprie dicitur aliquis poni in poss. causa rei servande, hoc idem asserit Jo. Et ego volo recedere a litera decretalium, quae dicunt, taliter missum rem debere servare, et hoc proprie secundum quod jacet. Litteram intelligo ut in praeall. decret. et supra de dolo et con. ca. I. et infra e. c. I. et II. et III. Unde, ut cum eorum pace loquar, dico taliter: missum non possidere, sed tantum possessioni insistere. Aliud est enim

---

[1] Eine sonderbare Widerlegung; weil dem Papste auf Grund alten Rechts eine Befugniss bestritten wird, soll ihm der Primat bestritten werden! Man sieht nil novi sub sole.

possidere et aliud in possessione esse ut ff. de adqui. poss.
l. si quis ante; tales enim potius custodiam quam possessionem
habent ..' Dies Zeugniss bildet einen neuen Beweis, dass
Jacobus über civilistische Materien geschrieben hat. Vgl. v.
Savigny V. S. 85 ff.

14. **Roffredus.** Ueber die häufig vorkommende Schreibweise Ranf., Ronfr. vgl. v. Savigny V. S. 187. d.

15. **Vincentius.** Fol. 74b. ‚Et est sciendum, quod secundum leges diffinitiva sententia in personam procuratoris non domini est ferenda, alias non valet ut C. de sen. et inter. omnium iud. l. I. Tamen dominus vin. voluit distinguere utrum ab initio dominus interfuerit causae, vel semper litigaverit per procuratorem, in primo casu dixit ferendam sententiam in dominum, in secundo in procuratorum ...' Auch fol. 73a steht eine civilistische Frage und heisst es: ‚vinc. et *pilli*. dixerunt., Fol. 165b. ‚Quidam dicunt, per praescriptionem directum adquiri dominium, ut domini vinc. et b. et sui sequaces, quibus *Jo.* assentit, ut ff. de damp. infec., si finita §. si de vectiga. et de adquir. re. do., adquiritur §. non solum, C. de bonis mater., aut. ut, C. de edicto divi adri. l. ult. in fi., et supra XVI. q. III. inter memoratos, ibi sit eternum dominium. Dominus *Jo.* (et eum sequebatur *dominus meus* et fere omnes *moderni doctores* ipsius sententiam approbant) dixit, non adquiri per praescriptionem directum dominium, sed tantum utile, et sic intellexit omnia jura pro parte contraria allegata, et est expressum supra XVI. q. III. §. potest circa prin. ibi ‚adversus verum dominum utiliter' (in dicto Grat. ad c. 15. l. c.) Sed illud non est de textu legis, sed fuit appositum per §. [lege G[ratianum] qui istam sententiam fovebat et probat, quod utile non directum dominium adquiratur, ea ratione, quod lex dicit: ‚priori domino vindicanti obstare exceptionem,' ut C. de prae. X. vel XX. l. penult. et de prae. XXX. si quis empt. Ergo ei competit actio, cum exceptio sit actionis exclusio, ut ff. de exceptionibus l. II. I. Resp. adhuc dominus remanet, eum illi soli competat rei von., qui est dominus de jure gen. vel civili, ut ff. de rei ven., in rem i. Resp. ergo praescribens dominus esse non potest, cum duo eiusdem in solidum et eodem jure domini esse non possint ut ff. commodati, si ut certo §. ult. Patet ergo, praescribentem esse

utiliter dominum, alium directe dominum remanere. Sed pone (prae) scribentem recidisse a possessione rei praescriptae, pervenit ad priorem dominum, numquid poterit ille, qui praescripsit, ab eodem rem revocare? *Jo.* et *az.*[1] dixerunt, quod sic, et sic intellexerunt illam lc. C. de prae. XXX. si quis empt.' Er wendet sich jetzt der Ansicht zu, durch l'raescription werde das Dominium verändert. Ein Civilist Vincentius kommt bei Savigny und auch sonst nicht vor. An den Canonisten Vincentius ist, obwohl derselbe immerhin auch civilistische Arbeiten gemacht haben könnte, nicht zu denken, da er den vinc. vor b. setzt, also offenbar als älter hinstellt, wie das die aus den mitgetheilten Stellen bereits hervorgehende Methode beweist.

16. Sein Lehrer. Auf gegen 30 Seiten wird ohne jeden Namen zu nennen bald im Gegensatze zu dem einen bald zu dem andren, stets als verschieden von allen fünfzehn Genannten und sämmtlichen anzuführenden Canonisten angeführt *dominus meus*, einmal (116 b) auch praeceptor meus. Trotz meiner fleissigen Nachforschung ist es mir nicht gelungen, festzustellen, wer es war. Dass es ein Civilist ist, folgt schon allein daraus, dass er nur bei civilistischen Materien genannt wird. Wenn ich nach dem ähnlichen Inhalte, welchen die Dissensiones dominorum des Hugolinus an einzelnen Stellen haben, schliessen darf, ist Hugolinus sein Lehrer, womit die Zeit und der Umstand genau stimmt, dass er gerade diesen nicht nennt. Accursius ist es nicht, dieser ist auch keinesfalls älter als unser Johannes.

Fol. 211 a. ,Est autem interesse circa rem quod contingit, vel circa pretium vel ipsam rem, de qua agitur, vel circa suas accessiones civiles vel naturales. Interesse a (autem) extra rem est dampnum extra rem datum cuius accessionem contingens, ut ex predictis legibus colligitur et ff. de ac. emp. et ven. si sterilis §. cum per. Sed haec solutio non placet *azoni*; magis enim esset dicendum totum interesse quod est circa rem praestandum q. de eo inter contrahentes sit cogitatum quam illud quod est extra rem de eo contrahentes non videntur sensisse. Sed sic mihi videtur cum *domino meo* distinguendum.

[1] Einer der seltenen Fälle, wo er dominus bei den Legisten anlässt, offenbar weil kein Irrthum möglich war.

Interesse aliud est commune, aliud conventionale sive convent. aliud singulare scil. quod ratione effectionis sive singularis utilitatis, et sic etiam ad idem tendit, si dicat, pretium aliud commune' cet.

Fol. 274b. ,... Unde dico cum *domino meo*, quod, cum datur res. examanitata (extimata) in dotem: Co de jure do., quociens — nec obstat quod legitur C. de jure do. in rebus, quia ibi fuit facta extimatio, ut sciretur quod esset sine legitimo matrimonio soluto ut C. de jure do. si inter — vol sic fuit facta extimatio, ut esset in optione mulieris, utrum vellet rem vel pecuniam et ipsa elegit rem, ut ff. de jure do. plerumque §. ult. et de fundo do. quodsi, vel est speciale ut in rebus existimatis datis in dotem competat rei venditio (vendicatio) cum modo extent res eo tempore quod datur dotis repetitio, non ea ratione, quod sit domina, sed ideo, quia fingitur domina, vel intelligitur lex praeall. — et hoc magis approbat *dominus azo* — cum vir non est solvendo ad existimationem praestandam' cet.

IX. Von Canonisten führt er an:

1. Cardinalis fol. 161b. Der Name ist ausgeschrieben. Es wird seine Ansicht angeführt, dass die der s. g. lex jurisdictionis zufallenden Rechte nicht, die der lex dioecesana wohl praescribirt werden könnten. Im Cod. Trevir. 906 finden sich die Glossen dieses Inhalts.

2. Huguccio auf 24 Seiten. Er wird stets[1] nur mit *h.* bezeichnet. Dass aber Huguccio damit gemeint ist, folgt daraus,

---

[1] Fol. 161a steht jedoch: „Ad hoc dixerunt e. et *da.*, et omnes legiste eisdem assentiunt, quod usucapio locum habeat in rebus ecclesie profanis, sed non in ecclesiasticis sacris. Sed *Jo.* et *Ia.* dixerunt contrarium ad instar fiscalium, in quibus non currit usucapio, ut in Instit. de uauca. § res fisci. Item res ecclesie censentur jure rei publice ut C. de sacro. ecclesiis, ut inter divinum, sed in rebus publicis non currit usucapio ut ff. de nauc., usucapionem. Ego primam sententiam magis approbo, cum non video auctoritatem per jus canonizatam quantum ad usucapionem. quantum vero quadrienii praescriptionem non tenet per jura supra XII. q. II. quicunque milit., XV. q. I. in canonibus et q. III. placuit hic.' In der Summa Huguccionis steht zu C. XVI. q. 4 princ. ,Sacre tantum a clericis nomine ecclesie, possunt usucapi, non autem a laicis, quia eas iure communi possidere non possunt, nec earum commercium habere.' Darnach halte ich für unzweifelhaft, dass Hug. gemeint ist. Sonst findet sich die Sigle *u.* für ihn häufig.

dass dies seine stete Sigle ist; auch habe ich alle verglichenen Stellen in der Summe gefunden. Keine geht auf den Legisten Hugo, keine hat dominus vor h.

3. Bernardus Papiensis. Er wird an drei Stellen mit b. pap. citirt (fol. 2a, 243b und 294a), an einer fol. 175b mit b. par. Dies ist ein Schreibfehler, den ich auch sonst gefunden habe.

4. Johannes Galensis. Fol. 190a. Er sagt, wegen einer noch so lange dauernden Krankheit könne ein Benefiziat ohne Verschulden nicht abgesetzt werden, ‚nec etiam hic est aliqua contradictio inter modernos doctores. Jo. gal., et R. distinxerunt, an sit curabilis egritudo vel non, in primo casu dicebant prout modo omnes tenemus, in secundo dicebant, alium substituendum; inducebant ad hoc ff. de iudic., si longius. C. de officio praefector., si quos. Sed hoc non admittimus.'

5. Richardus Anglicus ausser in der so eben angeführten Stelle fol. 263b.

6. Philippus fol. 117b. ‚Sed quid, si creditor rem pignoratum violenter invaserit? Resp. dominus meus dixit, creditorem incidere in consti. Sed dominus Jo. et phi. dixtinxerunt, utrum rem pignoratam creditor invaserit tanquam impignoratam vel tanquam suam. Si tanquam impignoratam dicunt cessare consti., sed ipse incidit in edictum divi marci: ff. quod me. causa. exstat edictum. Sed prior sententia magis placet'. Da er nicht domini Jo. et phi. sagt, bezeichnet er letztern damit als Canonisten. Unmittelbar vorher war py. genannt. Nimmt man hiezu die oben abgedruckte Stelle über das mit ihm geführte Geschäft, so liegt ausser Zweifel, dass Philippus als Glossator thätig war.

7. Albertus fol. 76b. ‚Et nota in summa, quod, si renunciasti prebende tue per metum et si iuramentum intervenit, ratione iuramenti non debes convenire ut infra e. (nämlich tit. de his quae vi metusve e. f.) ad aures. t. tamen et la. et quidam alii dixerunt contra. Sed eorum dictum non approbo, et hoc dixerunt propter penuriam intellectus,[1] et in hoc con-

---

[1] Hier ist seine ‚castiliische Beredsamkeit' durchgegangen; er spricht sonst gerade von la. mit grosser Achtung, z. B. fol. 114b: ‚la. ego dico salva eiusdem auctoritate'.

cordant *albertus* et *lau'*. Ich gehe an diesem Orte in eine weitere Untersuchung über Albertus nicht ein.

8. Naso fol. 118a.

9. Melendus. Nachdem er referirt, Huguccio und sein Anhang lehrten, man müsse bei der Ordination die geheimen Sünden und andere Impedimente sagen, ebenso im Gerichte, heisst es fol. 40b am Ende der ersten Col.: „*M.* vero dixit contrarium quia in iudicio nemo tenetur prodere crimen, quia licet cuilibet qualitercuuque sanguinem suum redimere ut ff. de bon. eorum qui ante sen. l. I. nec in examinatione peccaverit de quo poenituit: XXXII. q. I. apud, de pe. di. III. ille rex'. Johannes gibt es zu, ausser wenn es sich um solche handle, wodurch man irregulär werde: Symonie, Mord.

10. Bazianus fol. 61a tit. de off. jud. ord. ‚nec dico metropolitanum posse in hoc casu (ausserhalb der Synode) sententiare etiam absolvendo, licet *h.* et *huz.* dixissent contrarium III. q. VI. accusatus; et in hac sententia est *la.*' fol. 156a.

11. Petrus Hispanus fol. 237a. ‚Quidam volunt dicere, quod illa aut. (nämlich c. 9. C.XIX. q. 3.) si qua mulier loquitur, quando abbas dat licentiam monacho ordinandi inter liberos, nam aliter ex quo est effectus monachus non potest in aliquo disponere ut supra XII. q. I. non dicatis. *p. yspanus* intellexit illam aut. si qua mulier, quando adhuc erat in probatione, aut. nunc autem, quando iam erat effectus monachus. Alii volunt dicere, et in hoc quasi omnes legistae consentiunt, quia illa aut. si qua mulier corrigat aliam. *lau.* exponit verba illius aut. nunc autem: exinde iudicio eius cessante i. e. si cessaverit, puta quia post ingressum praeventus est morte antequam aliud aliquid disponeret. Ego sententiam p. approbo, et haec sunt verba illius aut. nunc autem scil. cum monachus factus esset i. e. si mortem ingroditur nichil ad monasterium pertinebit, nisi ei nominatim aliquid relinquatur, nec tunc totum, quia semper debita portio parochiali ecclesie reservatur ut supra de sepult. per totum'.

Auf fol. 88b steht Folgendes: ‚Et traditur in diffinitiva sententia regula generalis, ut victus victori condempnetur in expensis, ut C. de judi., properand. §. sin autem. Haec tamen regula fallit secundum *p.* in duobus casibus, scil. cum absens per contumaciam aliis condempnatur ut C. de judi., properand. §. II., vol cum justa fuit causa ignorancie ut in aut. do judicibus §. opt. coll. VI., ff. de leg. II., qui solidum §. etiam'. Pillius hat nichts davon in seinem ordo judiciarius, auch wird derselbe nio blos mit p. in dieser Summe bezeichnet und stets dominus benamst. Man kann nun an Petrus Hispanus denken. Dabei fällt es aber auf, dass dieser an der andren Stelle mit p. ysp, und gerade so in andren Handschriften bezeichnet wird, während freilich in Handschriften des Decrets (z. B. Trierer Bibl. 906) die Sigle p. sehr häufig für ihn steht. An Paulus Ungarus kann wohl nicht gedacht werden, ebenso kaum an Petrus Beneventanus. Der Gegenstand gehört an sich in eine Darstellung des Processes. Sollte das Citat sich beziehen auf ein Werk des Petrus Hispanus, über das nur folgende Notiz bekannt ist? Bibliotheca hispana vetus etc. auct. D. Nicolao Antonio Hispalensi J. C. Matriti MDCCLXXXVIII. fol. 1. pag. 375. ‚Petrus Hispanus. Huius nomen prae se ferebat titulus operis cuiusdam in bibliotheca ˙Ms. Antonii Augustini codice 397 exstantis in membranis annorum quinquaginta supra centum, De ordine judiciorum inscripti, in quo erant et alia juridica. Catalogo eiusdem bibliothecae adhaeremus.' Ob es das von Durantis in der praef. des Speculum genannte sei, lässt er unentschieden.

Bisher habe ich absichtlich jene genannt, die nur selten citirt sind, während einzelne der folgenden fast beständig angeführt werden.

12. Damasus. Er hat dessen Summe vor Augen und führt daraus einzelne Definitionen wörtlich an, z. B. fol. 2a, 4b, 80b.

13. Alanus fol. 42b. ‚Dicunt tamen quidam, ut ala. Im. et rincen. et eius sequaces, quod, licet filii sacerdotum sint de legitimo matrimonio nati, non tamen possunt habere dignitatem vel beneficium, quod pater habuit per jura infra e. ad extirpandas etc. constitutus etc. ex transmissa VIII. q. 1. apostolica; alii dicunt, quod possunt, et intellignnt illa jura de illegitime natis. Et hoc magis placet'. Fol. 48a, 79a. Die sehr interessante Stelle lautet, nachdem er auseinander gesetzt, es komme für die rest. in int. darauf an, ob der minor durch 4 Jahre oder mehr oder weniger als 4 J. verletzt sei; sei er weniger verletzt ‚restituitur dum est minor et factus major

infra tantum tempus, quanto est lesus, ut ff. quando actio
de pe, est an., cum post mortem, ff. de minor. l. ult. ff.
ex quibus cau. sed et si proprio §. quociens et lex nec
non, §. siquis sepius; et hoc secundum *azo* et dominum *Jo.
plac.* et alii dixerunt, eum semper usque ad quadriennium posse.
Hanc credo veriorem, ut C. de tempo., invite restit. Numquid ultra quadriennium a tempore lesionis? *l.* et *t.* et *vin.*
dixerunt, quod non, quia omnis restitutio infra quadriennium
terminatur, ut in le. praeall. Sed obstat eis j. e. c. I.; sed
ipsi dicunt, eam uti jure minoris facti majoris et exponitur:
semper i. e. ubicunque enormiter leditur. *alan.* sine temporis
prefinitione dixit, ecclesiam restituendam, quandocunque pro-
baret, se lesam; alii ponunt ecclesiam in primo anno minoris
et dicunt, eam posse restitui usque ad XXIX. annos; alii
dicunt, eam restitui usque ad XV annum ponentes in XIIII.
anno. Memini, me vidisse decretalem domini Gregorii
confirmantem sententiam *la.* et suorum sequacium;
sed quia non fuit in compilatione posita, praesumo,
eam eum revocasse. Et ideo adherens prime decre. istius
tituli dico cum *lau.*, ecclesiam sine temporis prefinitione posse
restitui. Et si bene inspicias decre. j. e. cum ex litteris,
invenies, quod innocentius contra sententiam latam ab eu-
genio in primo mense sui pontificatus reservat in inte. restit.
ecclesie olicensi et constans est quod a tempore eugenii usque
ad tempus innoc. plus quam quatuor anni effluxerunt. Nec
obstat, si dicas, quod a successoribus eugenii fuit postea causa
commissa' u. s. w.

Fol. 156 (de iurecurando): „Sciendum est, quod in ista
materia, quot fuerunt summi doctores, fere fuerunt tot opiniones. Nam *la.* et (eidem assentio) *Jo.* dixit, quod iuramentum metu extortum, qualiscunque metus intervenerit, est obligatorium, dummodo possit servari sine interitu salutis eterne
ut s. de hiis quae met., ad audientiam, s. XXII. q. V. c.
I. et III., XV. q. I. merito, j. e. si vero. *ba.*[1] et *t.* dixerunt

[1] Im Cod. Trevlr. 906 des Deer. Grat. steht zu diesem cap. eine nicht
signirte, aber von derselben Hand geschriebene Glosse, von der auf derselben Seite eine mit bar. gezeichnete steht (sie gehört nicht Barth. Brix.
an) des Inhalts: „Speciale est nec prestat hic canon generalem absolu-

contrarium per decre. s. quod metus causa, perlatum et e. abbas, XV. q. VI. auctoritatem, tanquam divina voce pretor edixerit, quod metus causa l. I. et jura praeall. intellige in assertoriis, non in promissoriis juramentis, nam nulla conditione aliquis inducendus est ad dejerandum. *ala.* et quidem alii subtiliter moti dixerunt, referre, utrum jurans habeat propositum se obligandi vel non; in primo casu est obligatorium juramentum, in secundo minime: arg. j. de bap. et ej. effectu, majores. Ego sententiam *la.* approbo', was er ausführlich begründet.

14. Lanfrancus und
15. Laurentius.[1] Glossen mit den Siglen l. la. lan. lau. sind in Handschriften der Comp. I. II. III. unendlich häufig. Bisher war es kaum möglich festzustellen, welche davon Lanfrancus angehören, oder richtiger gesagt, ob ihm welche überhaupt und ob von den mit l. la. lan. bezeichneten auch einige Laurentius angehören. Dieses Werk bietet dazu ein prächtiges Hülfsmittel und ist damit von hohem Werthe für die Glossa zu den Comp. antiquae, resp. der ordinaria zu den Decretalen Gregors IX. Denn dass die Sigle lau. auf Lanreutius geht, versteht sich von selbst, dass aber auch nur diese auf ihn geht, l. la. lan. auf Lanfrancus folgt aus mehreren Gründen. Erstens ist *l.* und *la.* identisch, wie das Citat aus fol. 79a beweist, wo vorher des l. Meinung angeführt und dann referirt wird, eine Decretale Gregors habe des la. Meinung sanctionirt. Ebenso wird abwechselnd la. und lan. gebraucht, wie das Citat fol. 113a beweist. Zweitens stehen la. und lau. im Gegensatze zu einander bez. als zwei Personen nebeneinander. So fol. 79a, dann fol. 114a am Ende und 114b am Anfange, fol. 50a, ganz evident aber fol. 76b. Vor Lanfrancus hat er eine grosse Achtung, was ausser der schon mitgetheilten Stelle fol. 33a zeigt, wo es heisst: *,la.* iuris canonici lucerna'. Citate von Lanfrancus stehen ausser den bereits angegebenen noch auf siebenundvierzig Seiten, oft mehrere auf einer. Durch dieses Werk ist nun die Thatsache, dass Lanfrancus beide Rechte lehrte (v. Savigny V. S. 74 fg.) ausser Zweifel gestellt.

tionem sic jurantibus'. Der Sinn obiger Anführung liegt auch in der mit bar. gezeichneten und anderen Glossen daselbst.

[1] Vgl. meine Literaturgesch. der Comp. ant. Seite 52 fg.

Laurentius[1] wird auf dreiunddreissig Seiten angeführt; dessen Meinungen pflichtet er wiederholt bei.

16. **Bernardus Compostellanus** (antiquus). Auf eilf Seiten stehen Citate mit *b.*, welche sich auf Decretalen beziehen. Da Bern. Pap.[2] stets mit dem Beisatze pap., Bazianus aber mit ba. oder baz. bezeichnet ist, so bleibt, da der jüngere Bern. Compost. nicht in Betracht kommt, nur der Genannte oder Bern. Parmensis übrig. Von diesem aber kann aus dem später Auszuführenden keine Rede sein. Dass Bernardus Comp. antiquus die Comp. I. und II. bearbeitet hat, wissen wir aus Johannes Andreae.

17. **Johannes Teutonicus.** Von ihm benutzt er den Apparat zu der Comp. IV. und zum Decret. Er wird schlechtweg *Jo.* citirt, und zwar auf fünfundfünfzig Seiten.

18. **Vincentius Hispanus**, regelmässig mit vin. oder vinc. oder vinc'. angeführt und zwar auf einundzwanzig Seiten. Ob er mit dem früher als Legisten bezeichneten identisch ist, somit ein weiteres Beispiel abgibt für die Behandlung beider Rechte durch dieselbe Person, ist, wie schon gesagt, sehr fraglich.

19. **Tancredus.** Gewöhnlich ist er blos mit t. bezeichnet, einigemalen mit tan. (z. B. fol. 25a) oder tancr' (fol. 53a), einmal auch (fol. 89b erste Zeile) tñ.[3] Im Ganzen stehen Citate von ihm auf zweiundvierzig Seiten.

XII. Aus den angeführten Stellen ergibt sich, dass er, wie ich dies bisher nirgends gefunden habe, für die Civilisten den Titel *dominus* als spezifischen gebraucht. Am schärfsten zeigt sich das bei Lanfrancus, den er dominus nennt, sobald er seine civilistische Thätigkeit im Auge hat, sonst ohne Beisatz gleich allen Canonisten citirt. Kommt auch der allgemeine Ausdruck legistae (z. B. fol. 57a) für die Romanisten vor, so nennt er sie anderwärts domini legum (fol. 198b). Ent-

---

[1] Einmal fol. 18a steht „secundum dominum lan.‟ Das ist sicher ein Schreibfehler für lan., wie ein solcher auch in dem Citat fol. 190b vorkommt.

[2] Dass dieser nicht gemeint ist, folgt daraus, dass verschiedene Decretalen worauf sich b. nach der Summa stützt, in der Comp. II. stehen, z. B. die fol. 24b citirte cum terra de electione.

[3] Es heisst: „et in hac sententia est tñ. la. alio modo intellexit et dixit‟ u. s. w. Es kann doch hier nicht tamen heissen sollen.

gegen dem sonstigen Gebrauche, die Romanisten doctores, die Canonisten magistri zu bezeichnen, nennt er gerade die letzteren doctores.[1] So fol. 100a, fol. 29b nostri doctores, womit er die Canonisten meint, ebenso fol. 242a, 247a moderni doctores, während übrigens einzeln der Ausdruck doctor jeden Juristen bezeichnet z. B. fol. 46a, 47a fere omnes doctores, 90b ‚et haec fuit sententia la. et omnium doctorum', womit wieder die Canonisten allein gemeint zu sein scheinen. Auch von juris canonici professores spricht er fol. 100b, 110a. Wie hoch er die Canonisten stellt, zeigt fol. 188a, wo er über die Erfordernisse für ein Beneficium spricht und sagt:

‚Inspicienda est persona et considerari debet ipsius literatura. Indignum enim esset, si tantum daretur alicui rustico quam nobili, vel alicui logico quam decretistae, et in talibus potius morum nobilitas quam generis est attendenda, ut j. e. venerabili juxta illud philosophi: nobilitas sola est animum quae moribus ornat.' Deshalb verwirft er adelige Capitel als corruptela fol. 188b.

XIII. Von der umfassenden Literaturkenntniss gaben die Citate bereits ein glänzendes Zeugniss. Johannes ist mit allen Controversen des Civil- und canonischen Rechts aufs Innigste vertraut, seine Arbeit bildet eine beständige Kritik fremder Ansichten. Diese ist, wie schon einzelne Stellen gezeigt haben und viele andere beweisen,[2] oft rücksichtslos, aber durchaus selbststaendig. Deshalb gibt er auf Autoritäten wenig, tritt oft den Ansichten der tüchtigsten entgegen, stellt eine eigne auf, begründet aber regelmässig sowohl die eigne, als auch weshalb er die fremde annimmt.[3] Hat er auch bisweilen eigenthümliche Anschauungen, so ist er doch im Ganzen ein scharfer Kopf. Diese Dinge, die Lebhaftigkeit und Lebendigkeit[4] der Dar-

---

[1] Schon Tancred nennt ganz allgemein in der Einleitung zum Apparate der Comp. III. die Glossatoren der Comp. antiquae doctores.
[2] Z. B. fol. 32b ‚In hac quaestione inutiles solutiones ponnit Jo.'
[3] Wiederholt z. B. fol. 26b heisst es nach Angabe der Meinung eines Schriftstellers ‚ei fere omnes doctores assenserunt, ego tamen contra,' woranf die Begründung folgt.
[4] Dahin die häufigen Uebergänge Andivistis, andivimus u. dgl., die sonderbare Wendung: ‚tractaturus magister de probat. praemittit titulum de confess.' fol. 129b, ähnlich fol. 168a u. a.

stellung, die Exactheit der Forschung,[1] die beständige Rücksichtnahme auf praktische Zustände, Gewohnheiten u. s. w.,[2] die Präcision der Darstellung, die scharfen Definitionen, der historische Sinn,[3] sein persönlicher entschiedener Standpunkt,[4] alle diese Momente geben der Lesung einen wirklichen Reiz. Ich nehme keinen Anstand, diese Summe sehr hoch zu stellen, weit höher als die von Goffredus de Trano, der ihn, ohne ihn zu citiren, viel benutzt und wohl beständig vor Augen gehabt hat. Wie selten ist in jener Zeit — und ich darf hinzusetzen in unserer — ein Schriftsteller, der stets citirt, woher er einen Gedanken hat, der nicht blos compilirt, sondern ganz quellenmässig arbeitet, der eine rein sachliche, rücksichtslose Kritik übt! Alles dies ist schwer, macht dem grossen Haufen die Lectüre nicht leicht, deshalb nicht angenehm. Johannes

---

[1] So gibt er mehrfach an (z. B. fol. 83a, 91b, 108a, 182b, 195b, 196a, 197a und 197b), welche Abweichungen in einigen Pandectenhandschriften von den gewöhnlichen vorkommen.

[2] So referirt er fol. 26a, man halte sich nicht mehr an die Vorschriften des alten Rechts über die scientifische Würdigkeit, fügt dann freilich für einen so gelehrten Mann sonderbar hinzu, es sei auch nicht nöthig, ‚multa enim scientia inflat'. — Fol. 249a wird ohne jeden Zusatz die alte Bestimmung über die regelmässig nur zu Ostern und Pfingsten vorzunehmende feierliche Taufe referirt. — Fol. 146b sagt er, die Siegel der ‚potestates lombardiae' hätten keine fides publica, weshalb sie mit dem sigillum communitatis siegelten, um ihnen solche zu geben. — Fol. 63a hebt er hervor, dass nach canon. Rechte auch ex nudo pacto actio oritur; 68b dass hodie der Advocat soviel bekomme, als er mit der Partei abgemacht habe; fol. 14a gibt er die Praxis der Curie an, ein Rescript für ungültig zu halten; das an Curatgeistliche (parochiales clericos) oder andre erlassen worden, welche nicht in Capitelsdignitäten oder dem Lehramte stehen.

[3] Fol. 195b ff. erhalten wir eine förmliche Geschichte des Veräusserungsverbots des Kirchenguts.

[4] Dahin gehört auch sein schroff curialistischer Standpunkt, von welchem eine Probe schon oben vorliegt. Eine andere fol. 92b, wo er trotz der Const. K. Friedrichs II. behauptet, die scolares clerici hätten ihren Gerichtsstand vor dem Bischofe, weil der Kaiser päpstliche Privilegien nicht ändern könne; fol. 140a de test. et attest. gibt er an, gegen einen Cleriker der röm. Kirche seien mehr Zeugen nöthig, um ihn eines Verbrechens zu überführen und sagt dann: ‚Illud tamen hodie quidam non admittunt, inter quos ego nolo connumerari; nam privilegium collateralium summi pontificis non debet per nos minui, sed, quantum in nobis fuit, augmentari'.

scheint dies erfahren zu haben. Denn während andre höchst unbedeutende Schriften stets citirt werden, ist man nicht einmal über seine Person im Reinen, kent die spätere Literatur sein Werk absolut nicht, weil seine Zeit es todt geschwiegen hat.

XIV. Die Zeit der Auffassung dürfte ziemlich genau in die Jahre 1235 und 1236 fallen aus folgenden Gründen. 1) Im Anfange des Werkes steht ein Formular, das ins Jahr 1235 gehört; es behandelt, wie gezeigt, einen fingirten Wahlfall. Wollte er nun nicht gerade aus dem laufenden Jahre, woraus ihm vielleicht keiner zu Gebote stand, einen Wahlfall citiren, weshalb verlegte er ihn dann nicht in eins, worin sich wirklich eine Wahl ereignet hatte, z. B. 1229 für Padua?[1] — 2) Am Ende des Werkes gibt er ein Formular mit dem Jahre 1236 Anfangs Januar. Somit fiele die Ausarbeitung von fol. 28b bis 274a in den März 1235 bis Jan. 1236, dem nichts entgegensteht, wenn wir wie natürlich annehmen, dass er seine Vorarbeiten gemacht hatte. Gerade diese unmittelbar auf einanderfolgenden Daten scheinen zu dieser Erklärung zu berechtigen. — 3) Die bereits angeführten Daten über sein Lehramt. 4) Die jüngsten Schriftsteller, die er citirt, sind Naso, Vincentius, Roffredus. Deren Wirksamkeit fällt in das erste Drittel des XIII. Jahrh., Vincentius hat noch nach mehrfacher Angabe die Gregorianischen Decretalen glossirt und zwar sicher sofort, ebenso Naso, wie ich vorher dargethan habe. Von einer stehenden Glosse der Decretalen Gregors IX. ist ihm nichts bekannt. Niemals führt er ein Citat einer solchen an, wie es sonst bei allen Schriftstellern, die nach der Glossa ordinaria schrieben, der Fall ist. Bei einem so exacten Schriftsteller ist dieses aber entscheidend. — 5) Ich glaube in dem oben mitgetheilten Passus bei Alanus fol. 42b über die nicht aufgenommene Decretale Gregors IX. den Anhalt zu finden, dass Gregor IX. noch am Leben ward, als er dies schrieb. Denn während er bei allen anderen Citaten von Päpsten den einfachen Namen schreibt, sagt er hier „domini Gregorii", auch ohne Zahl, eine Art, den regierenden Papst zu bezeichnen,

---

[1] In Bologna (Ughelli, T. II. col. 19 sqq.) war Henricus a Fratra Bischof vom Jahre 1213 bis 31. Mai 1240. Also auch da stand 1233 oder 1235 kein Act zu Gebote.

welche häufig ist. Dass er in der Vorrede sagt „auctor fuit Greg. IX." thut nichts dazu, weil er hier eine abgeschlossene Thatsache, die Abfassung der Decretalen, vor Augen hat; ebenso sagt er „auctor fuit fr. Raymundus", der erst 1275 starb. Gregor IX. starb 1241. — 6) Das Recht der Decretalen Gregors ist ihm das jus novum z. B. fol. 44b. — 7) Von Innocenz IV. citirt er nicht eine einzige Decretale, obwohl dazu, wenn er überhaupt solche kannte, reiche Veranlassung war und ein Schriftsteller von dieser Gesetzkenntniss sie gewiss beachtet haben würde.[1]

Petrus de Sampsone.[2]

XV. Von ihm wissen wir — Sarti stellt die Notizen zusammen, — dass er aus Nimes oder der Gegend von Nimes stammte, zu Bologna gleichzeitig mit Bernhard von Parma lehrte, Schüler des Jacobus de Albenga und Lehrer des Abbas antiquus war, ein Canonicat zu Narbonne bekleidete. Aus den bei Abbas unten mitzutheilenden Stellen ergibt sich positiv, dass Petrus Zeitgenosse von Odofredus († 1265, v. Savigny

---

[1] Man gestatte mir zum Schlusse einige eigenthümliche Notizen zu geben. Fol. 264 b. „Sed quid, si laicus aliquam in necessitate ad poenitentiam receperit, numquid postea cum ea matrimonium contrahere poterit? (a. dixit, quod non, si tamen contrahat dixit matrimonium valere, nam illud tantum intellexit dictum sacerdoti, cum ex officio ille solus ad hoc teneatur. Ego dico contrarium et eadem ratione laicus in necessitate baptizans posset contrahere cum illa, quam baptizavit." Diese Auffassung, dass auch ein Laie in articulo mortis reconciliiren könne, ist aus der Glosse zur Coll. Gilberti mitgetheilt in meiner Abh. Die Coll. Gilberti u. s. w. Wien 1870, S. 22 (Sitzungsber. LXV. S. 616).

Fol. 204 hat er auch die Dreitheilung: dolus et culpa lata, culpa levis, levissima.

Fol. 183 a (de clericis conlugatis) pflichtet er der Ansicht des Vincentius bei: der Cölibat ruhe entweder auf einem ausdrücklichen Gelübde oder, wenn ein solches nicht abgelegt sei, bei des Rechts Kundigen auf einem stillschweigenden, sonst auf dem Gesetze.

[2] Sarti I. p. 366 sq. Diplovataccius fol. 186 (er heisst bei ihm de Saxonia; es dürfte auf Rechnung eines Abschreibers kommen). Joh. Andr. ad c. fraternit. de sepult., ad c. pastoralis de his q. f. a prael. Phillips IV. S. 328. Meine Abhandl. über die Decret. sw. Greg. IX. u. Bonif. VIII. S. 770.

V. S. 362) und Accursius war. Sein Aufenthalt zu Bologna dürfte somit in die Zeit von 1230--1260 fallen.

Von Werken desselben werden erwähnt Commentaria oder Lectura in decretales Gregorii IX., Distinctiones zu den Decretalen, Glossen zu den Decretalen Innocenz IV. (diese jedoch nicht von Sarti) und Statuten von Nimes. Sarti bezweifelt die Verschiedenheit des Commentars von den Distinctionen und hält gleichzeitig die Lectura für einen blossen Auszug aus den Distinctionen. Beides ist nicht richtig. Unser Autor hat vielmehr in der That zu den Gregorianischen Decretalen zwei verschiedene Werke hinterlassen, nicht minder die Constitutionen von Innocenz glossirt, wie sich aus Handschriften darthun lässt.

Ich habe früher mit Phillips unentschieden gelassen, ob er identisch sei mit Sampson de Calvomonte, muss aber jetzt entschieden diese Identität bestreiten.

Schriften.

A. Summa decretalium.

XV. Handschrift:[1] Wiener kais. Hofbibliothek Cod. membr. fol. Nr. 2083 (N. 3693) 88 Blätter, saec. XIV. ineuntis. Bl. 1a bis 43b. Anfang:

„Incipit summa magistri Petri Sampsonis.

Gregorius et infra. rex pacificus. pudicos verbis scil. et moribus. cotidie i. e. assidue. conatus i. e. vires. explica. i. e. determinaret. lex scil. canonica. in prioribus scil. constitutionibus. declarantur pone extra j. de constit. quoniam, quae declarat illam de maj. et obed. statuimus. Nota quod omnis contrarietas solvitur aut per aliquod simpliciter, ut III. q. II. sine except. et j. de his quae fiunt a prael. sine cons. cap., aut per aliter, ut j. de elect. quod sicut, et c. publicato aut per secundum, ut j. de elect. Cumana et c. cum in iure.

---

[1] Blubme, Bibl. pag. 77 gibt bei der bibl. S. Martini zu Lucca an: „Petrus de Sassonia Lectura super decretales et Breviarium juris canonici in Cod. 207". Es ist dies wohl dasselbe Werk, aus jener Angabe lässt sich jedoch nichts entnehmen.

Sex modis cognoscitur, quando constitutio continet ius commune, quando in decreto seu constitutione ponitur hoc verbum: *hoc edicto*, vel *edicto perpetuo* vel consimile j. de elect. Massana; quando scribitur *honorabili coetui* j. e. Greg. epc., infra de constit. ex literis; quando ponitur hoc verbum: *praecipimus*, j. de iudaeis quorundam; quando ponitur: *in generali constitutione* j. de rescr. nonnulli; quando ponitur *idem in similibus*, j. de rescr. inter ceteras; quando ponitur hoc verbum *omnibus*, j. de iur. cal. inhaerentes.'

Es überwiegt bei Petrus die Worterklärung; jedoch kommen auch häufige längere Auseinandersetzungen vor.

XVI. Von Commentatoren der Decretalen erwähnt er Bernardus, Innoc. IV. (z. B. zum c. Bonae memoriae 23. de elect.), Guilelmus Naso, Laurentius (zu c. 23. de elect.), Boatinus, Rodoicus, Johannes (Galensis), Vincentius, Petrus (Collivacinus), als seinen magister nennt er oft ausdrücklich Jacobus de Albenga.[1] Ausserdem citirt er Goffredus, Johannes de Deo und von Glossatoren des Decrets insbesondere Johannes Faventinus und Huguccio. Diese Citate beweisen seine umfassende Kenntniss und Berücksichtigung der früheren Literatur.

Von seiner umfassenden Kenntniss des römischen Rechts zeugt der grosse Gebrauch, welchen er davon macht. Auch citirt er mehrfach Legisten, z. B. Jo. (Johannes Bassianus),[2] Odofredus.[3]

Zum Schlusse möge noch eine Stelle Platz finden, welche seine Kenntniss des lombardischen Rechts beweist. Zu C. 16. de test. III. 26. ‚Et est aliquod jus lombard., quod marito providet et vult, quod maritus succedat in totum uxori, si non sint filii legitimi ex eodem matrimonio nati, ut in lomb. de

---

[1] C. per tuas de voto III. 34 (ist nicht in die Comp. IV. aufgenommen): ‚Ja. magister. p. et Vinc. dant consilium regulari, quod sic respondeat, cum fiat de ipso electio: quantum in me est consentio'. Vgl. c. 3. II. 14; c. 23. de jurej. ‚hic omisit magister unum casum, qui in ant. reperitur, sell. si filius accusaverit parentes et per accusationem suam eos damna gravia fecerit sustinere ro. §. Item isti.'
[2] Zu c. 5. X. II. 12. de causa poss. et proprietatis.
[3] Zu c. 29. de spons. IV. 1.

succ. quae ab int. def. l. quicunque.¹ Et est lex imperialis; fecit enim eam henrigus imperator, et ideo dicebat hubertus, corrigi per eam hanc partem C. unde vir et uxor l. i. et sic. no.'

Unter Hubertus ist wohl Ubertus de Bobio gemeint, der Glossen zum Codex geschrieben hat, welche Petrus vorlagen.²

Ich will zu erwähnen nicht unterlassen, dass am Ende vieler Glossen die Sigle p. vorkommt. Ueber die Autorschaft des Petrus kann kein Zweifel obwalten.

B. Distinctiones.

XVII. Handschriften: *Vatik. 655 (Sarti I. p. 367).

Angers, Stadtbibl. num. 368. membr. fol. saec. XIII. f. 1—42.

Wien, Hofbibl. 2076 mbr. s. XIV. fol. 99a—126a.

Leipzig, Stadtbibl. num. 249 mbr. fol. s. XIV. erstes Stück, mit dem falschen Titel: ‚In nomine domini amen. Incipiunt constitutiones magistri Petri de Sampsone. Sed numquid in hac compilatione' u. s. w.

Cassel, Landesbl. ms. jur. in fol. 12, mbr. s. XIV. zweites Stück.

Der volle Anfang lautet nach der Ang. Handschr.: ‚Incipiunt distinctiones M. Pet'. d'. sa'pso. Rex pacificus, quaedam propter contrarietatem, quaedam propter similitudinem. Numquid in hac compilatione sunt multa contraria ut j. de sepultura c. I. et II. et c. octavum et c. *certificari* de sepultura? Nam una mandat reddere medietatem, alia tertiam, alia quartam indicit. Numquid quaedam similia, ut j. de libelli oblat. *significantibus* et j. de appell. *significant.?* Solutio. Jura alia sunt generalia ut constitutiones, quae omnes, astringunt: j. e. prox. *firmiter* cum suis similibus; alia particularia, quorum quaedam sunt facta ex tempore, ut j. de cons. et affin. *quod dilecto* et c. *non debet.'* Die letzte Di-

---

¹ Lib. Pap. Henr. II. c. 1. (Monum. Germ. Leg. IV. p. 581). In der system. Lombarda II. 13. 1. 31. (ibid. p. 615 der Lomb. Cassin.), Lomb. vulg. II. 14. de successionibus l. 31. (ib. p. 629).

² Vgl. v. Savigny Gesch. des röm. Rechts V. S. 145.

stinction behandelt den Titel de testamentis. Am Schlusse steht in der von Angers: ‚Expliciunt distinctiones magistri p. de sampson. Anno domini MCCLXXX facta fuit cella vinaria juxta puteu. mgri oliver.'
Diese Distinctionen sind nicht identisch mit der vorher beschriebenen summa. Es ergibt dies schon der Eingang, nicht minder die Methode, welche nicht bei der Glossirung der einzelnen Capitel, sondern bei der Darstellung des Gegenstandes verweilt. Ob das Werk unvollendet ist oder die Handschriften sich als Abschriften von unvollständigen darstellen, ist schwer zu sagen. Im Hinblicke jedoch auf das Explicit der Handschriften, den Titel, wie er in den bei Sarti angeführten Handschriften [1] und den mir vorliegenden gleichmässig angegeben ist mit *Distinctiones*, braucht man nicht an ein sich auf alle Bücher und Titel der Decretalen beziehendes Werk zu denken.

Die vatikanische Handschrift hat nach Sarti am Schlusse die Jahreszahl 1267. Mindestens ist es also in diesem Jahre fertig gewesen. Es dürfte indessen doch wohl jene Handschrift nur eine Abschrift sein. Aus dem Inhalte lässt sich ebenso wenig als bei der ersteren Schrift die Zeit genauer bestimmen. Gegenüber den gleichzeitigen Werken lässt sich kein besonderer Fortschritt bemerken; indessen thut die Kürze und eine gewisse Frische ganz wohl.

C. Lectura in Decretales Innocentii IV.

XVIII. Die Handschriften, die Anzahl der commentirten Decretalen, sowie die Reihenfolge, wonach sie in den einzelnen Handschriften commentirt werden, sind besprochen am Schlusse dieser Abhandlung.

Die Glosse fängt also an: ‚Cum in multis generalem. Bene dicitur, quia praeter illos IIII conveniri possunt omnes expressi. IIII hoc intellige quando pro diversis causis pro eadem causa indivisibili, puta si conveniat plures heredes vel socii,

---

[1] In dem Kataloge der Bücherverleiher zu Bologna (Sarti Append. Monum. p. 215, v. Savigny Gesch. III. S. 650) heisst es ‚disputationes.' Das ist aber höchst wahrscheinlich ein Schreibfehler; man kann übrigens die distinctiones auch so bezeichnen.

si essent mille omnes possunt conveniri ff. de quibus causis l. I. et LI. §. 1. hic notat papa [nämlich Innoc. IV.] c. t. c. pastoralis [c. 14. x. de reser. I. 3.] citatorio facto auctoritate clausulae generalis in magna glossa sic ergo in verbo illo arbitrio principis sicut alias praetor notatem XVIII. a. est apta ad postulandum ff. de postu. l. I. §. initium et in autenticis do referendariis in princ. ubi status est numero referendariorum scil. VIII. ad arbitrium principis.'

Um die Methode erkennen zu lassen, theile ich noch einige Stellen mit: c. pro humani. ,ad ima i. e. ad intima. gregem scil. fidelium. ipsius scil. gregis. firmaret scil. Petrus, nos scil. Innocentius IV. apostoli scil. beati Petri. suae scil. Petri. ascenderet scil. Petrus. Nos scil. Inn. IV. apostoli scil. beati Petri. noxia i. c. nociva. profutura i. e. utilia. cos scil. ad quorum mortem perpetrandam mittuntur. meta i. e. terminus.'

c. Veniens. et ipsos. repete declaramus. ex illo i. e. permissum ox illis, quas scil. ecclesias. huiusmodi scil. de septimis. qui scil. clerici. a quibus scil. clericis ullius ordinis generalis. extra de decimis nuper. possess. quas scil. excolunt propriis manibus et sumptibus propriis.'

Er citirt weder Schriftsteller noch Glossen, welche über diese Decretalen handeln. Man kann daraus wohl schliessen, dass Petrus bald nach ihrem Erscheinen die Innocentianischen Decretalen commentirt hat.

Unmittelbar nach dem Commentar folgt in der Wiener Handschrift fol. 45a. die Bulle Ad explicandos nodos also: ,Incipit prologus novellarum decretalium domini Innocentii.

Innocentius epc. servus servorum dei dilecto filio archidiacono bononiensi salutem et apostolicam benedictionem. Ad explicandos nodos' [die von mir a. a. O. S. 709 abgedruckte Bulle mit folgenden Varianten: nectit infirmitas; novarum const. et decret.; eis constit. et decretalibus; eisdem iuris vinculis contineri. Ne igitur ... speciem sibi ... deducat errorem ... const. et decret. epistolarum principia, quas t. n. P ..... discretioni tuae ... mandantes, q. cas.. districte prohibeas, n. q. alias sub nostro n .... admittat ..... haec sunt et hii sunt tituli, quibus competere dinoscuntur]. Hierauf stehen zuerst (roth) die Titelrubriken, jedesmal eine Zeile füllend, dann, je eine Zeile jede einnehmend, die Anfänge der einzelnen Decretalen (schwarz) mit rother Initiale. Es sind 1 bis 29, 31 bis 42, genau mit denselben Rubriken und Anfängen, die ich a. a. O. Seite 705 ff. angegeben habe. Somit fehlt c. non solum. Schluss: ‚Datum Asisii V. id. Septembris pontificatus nostri anno XI.'

Der Apparat zu den Innocentianischen Decretalen ist ein ganz selbstständiges Werk, weder die Distinctionen, noch die Lectura in decretales behandeln die Innocentianischen Decretalen. Er ist von Johannes Andreä beständig berücksichtigt worden.

D. Constitutiones synodales Nemausenses.

XIX. Diese Statuten hat Martene Thesaurus IV. col. 1029 sqq. aus einer Handschrift zu Avignon (Stadtbibl.) fonds Requien Num. 440. fol. 17—47 („Incipit liber synodalis compositus per magistrum Petrum de Sampsone ad instantiam domini Raimundi, dei gratia Nemausensis episcopi") abdrucken lassen. Ueber die Zeit der Abfassung kann aus dem Werke selbst nichts Näheres bestimmt werden, ebensowenig aus der Zeit B. Raymunds II. der von 1242—1272 regierte, wie schon Sarti bemerkt. Einigen Aufschluss gibt die Avignoneser Handschrift.[1] Sarti nimmt an, Petrus habe sich zur Zeit, als er diese Statuten machte, als Canonicus von Narbonne in Frankreich aufgehalten, sein Lehramt falle deshalb in eine frühere Zeit. Mir scheint, diese Folgerung lässt sich mit Sicherheit nicht machen. Denn dass Jemand zu Bologna docirte und ausserhalb ein Canonicat hatte, ist öfter vorgekommen. Auch dürfte der blosse Titel Magister vielleicht dafür sprechen, dass Petrus als Professor zur Abfassung der Statuten veranlasst wurde. Sarti zeigt, dass die Familie des Petrus aus Nimes oder doch jener Provinz stammt. Es ist nun offenbar sehr erklärlich, dass der Bischof von Nimes einen berühmten

---

[1] In ihr findet sich (vgl. mein Iter gallicum S. 399) fol. 47 der Vermerk, dass P. Urban V. am 7. März 1364 ‚ad servicium et usum canonicorum‘ sie der Kirche zu Avignon geschenkt habe.

Professor von Bologna, der aus seiner Diöcese oder Stadt stammte, zur Abfassung aufforderte.

Abbas antiquus.[1]

XX. Von dem Leben dieses Schriftstellers wissen wir nur, dass er Schüler von Petrus de Sampsone war. Den Namen Abbas führt er von seiner Würde; im Gegensatze zu Nicolaus Panormitanus heisst er abbas antiquus. Wo er Abt war, ist unbekannt. Seine Werke sind:

A. Lectura s. apparatus ad decretales Gregorii IX.[2]
Handschriften:
1) * Vatic. DCLV (Sarti).
2) Prag, Böhm. Museum, 2 Ex. (Schulte Can. Handschrift. S. 51).
3) Prag, Metropolitancapitel (das. S. 78).
4) Bamberg P. II. 8. fol. mbr. s. XIV. ‚Incipit lectura abbatis'. ‚Explicit liber I. lect. abbatis. finis primae partis lecturae abbatis. expl. liber tertius . . .‘
5) Bamberg P. II. 9 mbr. fol. s. XIV.
6) Leipzig Universitätsbibl. Num. 1024. mbr. fol. s. XIV. zweites Stück.[3]
7) Kassel Landesbibliothek, ms. jur. in fol. 5., mbr. s. XIV.

Wie Johannes Andreä richtig angibt, beginnt das Werk ohne Vorrede und zwar: ‚Gregorius interpretatur vigilans et bene vigilavit, dum huius libri sive compilationis utilitatem fieri procuravit. Fuit enim utilitas communis, ut hic statim subditur vero ad communem. Episcopus sed quare vocatur

---

[1] Sarti I. p. 367. Diplovataccius fol. 193. Glossa nullus zu c. 4. X. de praes. II. 23. (von Abb. Sic.). Jo. Andr. sup. I. Decr. prol. fol. 4. col. 3. Fr. Zabarella sup. I. Decr. proem. fol. 7. col. 4. Mein Lehrbuch S. 65. Dazu die oben cit. Stelle der Novella von Jo. Andr.

[2] Sarti behauptet ohne jede weitere Angabe, dieselbe sei gedruckt, verwechselt sie aber offenbar mit dem Werke des Abbas modernus (Nic. Panormitanus, Abbas Siculus).

[3] ‚Petrus et Abbas super casibus quinque libr. decretalium'. Danach scheint es, dass Abbas ein Werk des Petrus de Sampsone umgearbeitet hat.

episcopus, cum major dignitas inornatur quam sit episcopatus, scil. patriarchatus vel archiepiscopatus vel primatia, quare potius appellari voluit episcopus? Resp. quia nomen generalius et, nam nomine episcopi dici possunt quilibet superiores ut jam patet'. etc.

XXI. Einige Stellen sollen theils zur Kennzeichnung der Methode, theils als Grundlage für die Untersuchung einzelner Punkte, welche diesen Schriftsteller und andere betreffen, mitgetheilt werden.

Cap. Raynutius 16. X. de testam. et ultim. volunt. III. 26. ‚Ad glo. retinebunt solvebat ma. *de samp. p.* vel respondebat ad iura, quae inducit *Ja. bal.*, quod possit intelligi in extraneo herede, secus in filio ut hic, sed mag. ob. (magistro obest) l. (lex), quae in alia glosa (scil. in ea, quae incipit ex quo) C. de tre. (ad Sc. Trebell.) l. iubemus (l. 6. C. VI. 49.), ubi dicitur, quod, si filius rogatus sit hereditatem restituere, debet retinere legitimam non per imputationem fructuum et dodrante restituere, quod esse non posset, si duas detraheret. Sed istam intelligit *accur.*, quando testator hoc vetat, nam si non vetaret, duas detraheret ut hic et infra Raynaldus. Dominus *az.* aliquo tempore fuit in opinione *Ja. bal.*, *postmodum dum regeret in provincia,*[1] contrarium tenuit per hanc et

---

[1] v. Savigny, Gesch. V. S. 4 bestreitet entschieden, dass Azo ausserhalb Bologna's und insbesondere in Montpellier gelehrt habe. Ein altes Zeugniss war dafür bisher nicht beigebracht, denn Diplovataccius gehört dem 16. Jahrh. (1468—1541) an. Savigny gibt selbst zu, dass Azo vor 1230 nicht gestorben ist (Seite 8). Dass nun unser Abbas, der so positiv und an einer Stelle, wo die Notiz selbst nm so entscheidender in die Wagschaale fällt, als sie ganz ungeachtet ist, jene Thatsache, welche keine 30 Jahre vor Abfassung der Schrift lag, wissen konnte, leuchtet ein. Hierzu kommt, dass diese Decretalen (cap. Raynutius gehört dem 10. Jahre Innocenz III., also 1208. an, Raynaldus fällt noch später) ihn zur Meinungsänderung veranlassen konnten. Dass regere technisch das Lehramt bedeutet, ist durch die Notizen bei Savigny III. 219 d. 250 erwiesen. Dass provincia auch Montpellier umfasst, ist unzweifelhaft. Ich halte demnach die für die Literaturgeschichte interessante Thatsache vom Lehramte des Azo in Montpellier durch dies Zeugniss für erwiesen. Auch ist dadurch bewiesen, dass Azo das canonische Recht berücksichtigte, dass er noch lebte, als Jacobus Balduini, sein Schüler, bereits als Lehrer aufgetreten war.

infra e. Raynaldus. Et hoc verius mihi videtur, ut dicit glo. ult.'...

c. sano 10. de regular. et trans. III. 31. ,Dicebat magister *p.*, quod loquitur secundum consuetudinem lombardorum, qui ponunt fugere pro ire'.

c. praeterea 1. de conv. conjug. III. 32. ,Casus. Coniugis licentia non sufficit sine voto continentiae, ut coniunx etiam convertatur, fortius quia iste fuit professus et nihilominus revocatur. Unde per hanc decretalem resp. *t.*, magister *p.* domino *Jo. gaitani cardinali:* iste de voluntate coniugis religionem ingressus et professus etiam possit exire, et dicit, quod sic auctoritate propria, nisi qui remansit velit se ad continentiam expresse vel tacite obligare'...

c. Is qui 30. de sponsal. IV. 1. ,... Et quid, si quis fornicario affectu vel maritali intret seras vel claustrum pudicitiae mulieris, cum non seminat, ne semen effundit, numquid est matrimonium consummatum? Respondeo, notat *vinc.*, quod non infra e. c. ult. et ideo idem XXXV. q. III. extraordinaria, tamen ius aliquod non inducit, sed dici potest, quod ea ratio est, quia sola carnis commixtio facit consummationem matrimonii, arg. s. de biga. dudum circa finem. Et sic in foro poenitentiae audivi a *magistro meo,* quod non consulerat in causa matrimoniali. Quidam clericus fuerat cum quodam muliere XX. noctibus et corruperat eam, tamen, licet claustrum mulieris subintrasset, nunquam irrogaverat hortum suum nec seminaverat; accidit, quod puella illa contraxit cum fratre clerici, dubitavit, an possit remanere cum eo; dixit magister meus, quod sic, sed in foro ecclesiae contentioso per contrarium iudicaret, cum semper, ex quo corrumpit, praesumatur consummare, et illud alias approbari non posset. Item quid, si quis seminet in vas mulieris et non intret, numquid consummatur matrimonium? Resp. sic, sicut notat *vinc.*, quia per hoc potest carnis commixtio intervenire et fieri; *sicut ab eo audivi,* contingit in francia semel, quidam contraxit cum quadam tam arcta et tam modicam fenestram habente, quod etiam puer IX. annorum subintrare non posset, tandem credidit eam corrumpere et non potuit, polluit eam tamen in vase debito et contingit, eam impraegnari et adveniente hora partus oportuit eam incidere, quia aliter partum emittere non valebat. Ecce ergo, sicut in hoc exemplo apparet, matrimonium consummari potest sine effractione claustri pudoris, quia viro seminante in muliere appetente fuit facta seminatio sive carnis commixtio viri semine in vase debito distillante. Tamen ecclesia, quae non iudicat de occultis eam iudicaret virginem per aspectum nisi de corruptione et impraegnatione constaret.'[1]

XXII. Aus diesen Stellen und zahllosen anderen, welche mit ‚Ad glosam, quae incipit, adde' und ähnlich anfangen, aus den beständigen Citaten Glossa, glosator, ‚glosa ordinaria' ergibt sich, dass Abbas antiquus die Glosse vor Augen hat und seine Lehrmethode darin besteht, bei jedem Capitel die Glossa ordinaria der Erklärung zu Grunde zu legen, deren Ergänzung, Erweiterung, Verbesserung vorzugsweise als seine Aufgabe betrachtend. Aus diesem Charakter der Vorlesung, welchen die Schrift wiederspiegelt, erklärt sich erstens, dass wir zusammenhängende Auseinandersetzungen über Materien, wie solche in den Summae geboten werden, nicht erhalten, zweitens dass die vor der Glossa ordinaria liegende Literatur nur herbeigezogen wird, soweit sich aus derselben die Glosse ergänzen lässt, vorzugsweise aber die mit ihr gleichzeitige oder spätere Berücksichtigung findet. Die Glossa ordinaria ist ihm die Bernard's von Parma, es ergibt sich dies daraus, dass sehr oft gesagt wird ‚b. in glo. dicit' u. s. w. ganz so, als es anderwärts heisst: ‚glosa dicit' ‚in glo. ord.' u. s. w. Drittens bringt die Beschaffenheit des Werkes mit sich, dass die Controversen eine grosse Rolle spielen. Es werden wenige Capitel erörtert, wofern die Interpretation über eine kurze Inhaltsangabe oder die blosse Erklärung einzelner Worte hinausgeht, in denen nicht die Controversen den Hauptgegenstand bilden. Regelmässig werden die Vertreter der verschiedenen Meinungen mit Namen angeführt, seltener blos mit quidam, alii die variae opiniones eingeleitet. Es gewinnt das Werk dadurch an Frische; zugleich bietet es für die Literaturgeschichte reiche Belege.

Von Canonisten werden angeführt, bald öfter, bald seltener:

1. Petrus de Sampsone, sein Lehrer. Bisweilen sagt er ‚mag. meus P. de Sam.', bisweilen blos magister meus,

---

[1] Ich habe diese Stelle mitgetheilt als Probe der Casuistik. Diese ist noch stärker beim Ehehinderniss der Affinität.

bisweilen „mag. P. de Sam.' Letzteres Citat läuft auf dasselbe hinaus, da, so viel ich bemerkt habe, er ausser Petrus keinen durch den Zusatz magister auszeichnet. Citate von Petrus sind unendlich häufig, die Schreibart der Handschriften ist p. de sam. san. samp. petri de sampson., magister petrus. Von demselben werden angeführt: a. Glossa, womit natürlich der Apparat gemeint ist,[1] b. Distinctiones.[2]

2. Bernardus (de Botone).[3] Meist wird nur schlechthin glosss citirt, oft aber auch b. beigesetzt. Die Glosse heisst bald glossa, bald glossa ordinaria, bald glossa magna.[4]

3. Innocentius IV. Er wird sehr häufig citirt.

4. Vincentius. So viel ich bemerkt habe, hat er stets Glossen zu Decretalen im Auge, welche bereits in den 3 ersten Comp. ant. stehen, so dass er die Citate nicht aus einem Apparate zu den Gregorianischen entnommen hat.

5. Tancred; Citate desselben sind selten, dessen Summa de matrimonio citirt er zu c. 3. de elund. desp. IV. 3.

6. Laurentius, von dem ein Gleiches gilt.

7. Guilelmus Nasso.[5] Er wird sehr häufig citirt, bald mit dem Vornamen, bald ohne ihn.

8. Jacobus de Albenga einigemale.

9. Goffredus de Trano, bisweilen mit dem Zusatze in summa, bisweilen ohne ihn; die Anführungen desselben sind sehr zahlreich.

10. Johannes, und zwar, wie sich aus den Citaten selbst ergibt, Johannes Galensis.

---

[1] Zu c. conquestus 5. x. de feriis II. 9. „Magister in glo. sua non bene distinguit ferias, sed tu secundum od.' Ita distingue: sunt quaedam feriae solemnes scil. inductae in favorem et in reverentiam divini cultus' etc.

[2] Z. B. c. edoceri 21. x. de reser. L. 3. „nota quae b. inducit pro se quod c. sine praelato non agit vel e contra resp., cum ponam distinctionem magistri petri de samp. in fine operis.'

[3] Z. B. c. 22. x. de reser. „et de hoc notatur j. de except. cum inter II. glo. b.;' c. 25. ibid. „ut no. in glo ordi. infra' est.

[4] C. dilectus 29. de reser. ut notavit hic innoc. et idem hic sine. et b. notavit idem supra eodem pastoralis ad finem glo. magnae.' Oft auch ohne Bernhards Namen. Citate als glossa prima, secunda, ultima sind häufig.

[5] C. capitulum 30. de reser. „alium intellectum ponit hic G. Naso, quem recitat magister b. in glo. et ita ad illam ut debitus respondet naso.'

11. **Cardinalis**,[1] d. h. Henricus de Segusia oder Hostiensis.

Diese Citate liefern den Beweis, wie man nach Annahme der Glosse bereits früh anfing, die ältere Literatur zu vernachlässigen, insbesondere für das Decret nicht mehr auf dessen Literatur unmittelbar zurückzugreifen. Es möge noch bemerkt werden, dass ab und zu eine Bemerkung am Ende mit einer Sigle versehen ist, dass einzelne Glossen den Umfang kleiner Tractate annehmen (z. B. zu c. quoniam frequenter ut lite non cont., c. Rayuutius de test.).

Von Civilisten werden angeführt Johannes Bassianus, Jacobus Balduini, Bagarottus, Azo, Odofredus, Accursius, Gaufrednus.

XXIII. Was die Zeit der Abfassung betrifft, so dürfte sie ans Ende der sechziger Jahre zu setzen sein, da kaum vor der Mitte der sechziger Jahre die Glosse Bernhards als abgeschlossen anzusehen ist. Citate von Decretalen Gregors X. sind mir nicht aufgestossen; hierdurch wird die angenommene Zeitgrenze gleichfalls höchst wahrscheinlich. Dass die Schrift nicht vor 1261 fällt, ergibt sich schon daraus, dass Henricus de Segusia erst in diesem Jahre[2] Cardinal wurde. Dass unser Abbas Lehrer des canonischen Rechts und zwar in Bologna war, dürfte aus den mitgetheilten Stellen und der genauen Bekanntschaft mit der Lombarda, zur Genüge hervorgehen. Ob er aber Italiener, oder wo er Abt war, dafür finde ich im Werke selbst keinen Anhalt. Aus seiner Bekanntschaft mit französischen Zuständen, die ab und zu erwähnt werden, dem Umstande, dass er sich gerade den Franzosen Petrus de Sampsone als Lehrer auswählte, liesse sich vielleicht auf französische Abstammung schliessen.

[1] C. Raynaldus 18. de testam. v. ab intestato. ‚Haec verba generalia iustificant sententiam card. inno., et infra plenius dicam ...' Nun wird an mehreren Stellen die Ansicht von Hostiensis dargelegt.

[2] Mein Lehrbuch S. 64.

Dass unser Abbas schon vor 1240 in Bologna wenn nicht gelehrt, so doch studirt hat, ergibt sich aus der oben abgedruckten Stelle zu C. 30. de spons., worin er eine mündliche Aeusserung von Vincentius (vgl. mein Lehrbuch Seite 59) mittheilt.

Als Beleg für seine Textskritik diene c. 1. de sponsa duorum IV. 4. ‚duobus hoc capitulum habent quidam pro palea XVI. q. ult. c. ult.'

XXIV. Fassen wir zum Schlusse den Charakter des Werkes, die Art der Darstellung und darauf gestützt die Bedeutung des Abbas ins Auge, so lässt sich nicht läugnen, dass eine für die Zeit grosse Literaturkenntniss, vollständige Beherrschung des Quellenmateriales, gründliche Kenntniss des römischen Rechts und der Literatur seiner Zeit sich in demselben zeigt. Als Folge davon tritt uns eine lebendige Darstellung, eine grosse Selbstständigkeit des Urtheils entgegen, welche selbst vor schroffer Kritik nicht zurückschreckt.[1] Diese Eigenschaften und die wirkliche umfassende Ergänzung, welche sein Werk bietet, machen begreiflich, dass die spätere Literatur ihn bedeutend benutzt. Ich brauche nur auf Johannes Andreae hinzuweisen, der in der Novelle in sehr ausgedehntem Maasse ihn benutzt hat.

B. **Lectura in Constitutiones novas Innocentii IV.**[2]

XXV. Handschriften am Schlusse dieser Abhandlung.

Eine Handschrift mit solchem Schlusse hat auch Oudin Script. III. col. 246 verleitet, diesen Anfang der lectura Bernhards beizulegen.

Die Bamberger Handschrift P. II. 8. hat am Ende fälschlich: ‚explicit lectura magistri bernardi de monte mirato compostellano deo gratias.‘

Dieser Commentar hat den Charakter einer selbstständigen, die Innocenzianischen Constitutionen durch Wort- und Sacherklärungen erläuternden Arbeit. Er ist abgefasst nach der Zeit Alexanders IV. (gest. 25. Mai 1260), wie sich aus folgender Aeusserung zu c. pia de except. ergibt: ‚iudex reum excommunicato actori respondere cogere non debet invitum,

---

[1] Als interessantes Beispiel diene das zu c. Quoniam frequenter ut lite non cont. Gesagte: ‚tertia lectura est magistri petri de sampson, et magis generalis. Et attende: dicebat magister p. de samp., quia hic videtur Innocentius respondere ad modum puerorum; si enim quaeratur a puero: ‚ubi est pater tuus?‘ ipse respondet: vel in coelo vel in terra, vel in mari.‘ Ita dicit hic Innoc.: ‚quamdiu expectabitur electus absens non per contumaciam?‘ et ipse respondet: ‚sicut est in canonibus definitum.‘ Quaere igitur totum corpus iuris canonici et invenies qualiter sit definitum.‘

[2] Vgl. meine Abh. über die Decretalen zw. Greg. IX. und Lib. VI. Seite 767 ff.

immo eum excludere ab agendo et nedum propter partis periculum, immo etiam propter suum, cum ipse iudex incidat in minorem communicando illi. Idem etiam videtur de iure civili per auct. (lege: authent.) de privil. do. haeret mulier. non praestandis (Coll. VIII. tit. V.), ubi dicitur, quod illis est deneganda facultas agendi, quibus communio per episcopos denegatur. Nec valet, si respondeat, quod speciale est in crimine haeresis, quod semper eadem ratio prohibitionis romanere videtur. Et *hodie* videtur *alex*. IV. hoc statuisse expresse.'
Auch fällt die Abfassung nach der Vollendung der lectura in decretales Gregorii IX., wie die Bemerkung zum ersten Capitel cum in multis ergibt: ‚et istud adde, si vis, his, quae notavi de hoc secundum naso. supra eodem nonnulli' d. h. zu c. 28. x. de rescriptis I. 3.

Gleich der lectura in decretales Gregorii IX. ist auch dieser Commentar später, besonders von Johannes Andreae im Apparate zum Liber sextus und der Novella dazu stark benutzt worden.

C. Distinctiones.[1]

Handschriften: Prag böhm. Museum I. B. 3., I. B. 4. Bamberg P. II. 8.

XXVI. Nach dem alten Vorgange zu Bologna, über einzelne Capitel ausserhalb der ordentlichen Vorlesungen in besonderen Stunden zu lesen und Repetitionen zu halten,[2] hat Abbas, auch hierin seinem Lehrer folgend eine Anzahl von solchen separat commentirt. Sie fangen also an:

‚Circa statuta facta a capitulo ita distingue: aut res, de quibus fuit quaestio, possident ut plures aut ut capitulum ...'
Darauf eine Rubrik de cit. jud. Si citati sunt infames ... de rescr. oloceri (c. 21. x. I. 3.), de consult. cum tanto (c. 11. x. l. 4.), de elect. cum in cunctis, auditis (c. 7., 29. x. I. 6.), de temp. ord. literis coram nobis (?), de off. et

---

[1] Meine citirte Abhandlung S. 770; dort ist jedoch der Inhalt zu kurz angegeben, weil der Zweck mehr nicht forderte. Sartl ist sehr ungenau.
[2] Daher die s. g. Quaestiones dominicales, mercuriales, venerales verschiedener.

pot. jud. del. cum contingat (c. 36. x. I. 29.), de off. jud. ord. judicis off. c. 2. x. I. 32.), de transact. super eo (c. 7. X. I. 36.), de distinct. jud. judicis (?), de alien. jud. mut. c. etsi clerici (c. 2. X. I. 42.); de jud. etsi clerici (c. 4. X. II. 1.), de foro comp. post., significasti (c. 14. 18. II. 2.), accedit, de conf. ex parte (c. 3. II. 18.), de test. et attest. fraternit. (c. 17. II. 20.), de appell. ut debitus (c. 59. II. 28.); de coh. cler. (c. 7. III. 2.), de praeb. de monachis (c. 12. III. 5.), de jure emphyt. potuit (c. 4. III. 18.), de pign. (c. 8. III. 21.); de conv. conj. (c. 9. III. 32.); de despons. (c. 7. IV. 2.), de frig. fraternit. (c. 6. IV. 15.); de praeb. dil. fil. (c. 27. X. III. 5.); de accusat. (c. 17. V. 1.), de sym. de sym. (c. 22. V. 3.), de cler. excom. si celebrat. (c. 19. V. 27.), de poen. et remiss. quod quidam (c. 5. V. 38.). Hierauf die von mir a. a. O. S. 770 bezeichneten Stücke der Decretalen Innocenz IV. u. s. w.

Wie die Namen, der Charakter und die Methode der Schriften ergeben, hat sich unser Abbas an seinen Lehrer Petrus de Sampsone ziemlich angeschlossen. Man darf seine Ausführungen als Ergänzungen und Ueberarbeitungen der Werke seines Lehrers bezeichnen. Ihm ist er auch darin nachgefolgt, dass er die Innocenzianischen Decretalen separat commentirt, nicht unter denen Gregors.

Boatinus Mantuanus.[1]

Boatinus lehrte zu Padua, wurde dort 1275 auch Canonicus und starb im August 1300 daselbst, nachdem er vom 1. Aug. 1283 das Amt eines Archipresbyter bekleidet hatte. Er soll 43 Jahre docirt haben.

---

[1] Literatur in meinem Lehrbuche, 2. Aufl., S. 70, Note 40. Dass die zu schildernden Werke Boatinus angehören, habe ich bewiesen in der cit. Abh. über die Decretalen zw. Greg. IX. u. s. w., S. 771 ff, so dass auch nichts darauf ankäme, wenn die Handschriften den Namen nicht hätten. Neben dem von mir a. a. O. beschriebenen Codex Prag. habe ich später den 2. benutzt. Vor mir ist ausser dem Namen nichts seit Joh. Andreaes Notizen über ihn bekannt gewesen; Colle, der sein Leben beschreibt kennt seine Werke nicht.

Seine Schriften sind:

A. Lectura super decretales Gregorii IX.

Handschriften:
Cod. Musei bohemici Prag. I. B. 4., fol., mbr. saec. XIV. fol. 1—70.
Wiener Hofbibl. num. 2219 fol. mbr. saec. XIV. fol. 111a bis 167b. Am Ende steht nach der Lectura zu den Decretalen Gregors X. ‚finito libro laus et gloria cristo amen. Quis scripsit scribat et longo tempore vivat amen. (von andrer Hand) Johanni de affelstan juris canonici liceñ. altare ecclesie Ratisponensis'.·

XXVII. In beiden Handschriften beginnt das Werk also: ‚Incipit lectura magistri boetini[1] super decretales. Gregorius etc. Ista constitutio sive prologus dividitur in IIII. partes, In prima Gregorius salutem praemittit, in secunda rex pacificus causam sive rationem reddit ad inventionem compilationis huius sive iuris, in tertia sane diversas subiungit multiplicem rationem sive causam huius praesentis compilationis superfluis omnibus resecatis, in quarta volentes subinfertur quoddam praeceptum sive mandatum.'

‚De summa trin. et fide catholica. Rubrica. I rmiter. Istud symbolum dividitur in VI. partes. In prima describuntur et inseruntur proprietates, quae conveniunt soli deo' ...

Ende: ‚Indiguum. Naturaliter donatarius tenetur donatori ad antidota; sed numquid, si episcopus contulit mihi beneficium, potero ei facere homagium tamquam feudatarius domino? Certe non.'

Dieser nach 1274[2] gemachte Apparat gehört zu den wenigen Werken, in welchen die neuen Constitutiouen Innocenz IV. eingeschaltet und somit als Theile der Gregorianischen commentirt werden.[3]

---

[1] Cod. Vind. boventini. — Bovetino ist die italienische Form, welche auch Colle hat.
[2] Weil die Schlüsse des 2. Concils von Lyon darin erwähnt werden.
[3] Darüber habe ich in der cit. Abhandlung gesprochen, woselbst auch einzelne Stellen mitgetheilt sind. Hier hebe ich jene Punkte hervor, die dort als nicht zur Sache gehörig unberücksichtigt blieben.

XXVIII. Es lässt sich dem Werke ein gewisser Werth nicht absprechen, obgleich es mit den meisten älteren Werken nicht entfernt auf gleiche Stufe gesetzt werden kann. Es bleibt interessant als Beleg für die Leistungen zu Padua aus jener Zeit. Sachlich leidet es an grosser Dürftigkeit des Stoffes, indem eine Masse von Capiteln, bisweilen ein Dutzend hinter einander, gar nicht commentirt werden.[1] Diese Dürftigkeit erklärt sich daraus, dass, wie auch überall aus dem Werke hervorgeht, die Glossa ordinaria zur vollen Herrschaft gelangt war, neben ihr ergänzte oder besserte man lediglich durch Nachtragen älterer Meinungen, seltener durch selbstthätiges Erörtern.[2] So zeigt sich denn auch hier der eigentliche Inhalt zumeist darin, dass bei den Capiteln rein mechanisch die Theile angegeben werden. Daneben wird der eine oder andere praktische Fall erwähnt und dargelegt; dieser Theil der Arbeit hat Interesse und gibt ihr einen gewissen Reiz. Endlich werden auch die verschiedenen Ansichten zusammengestellt. Uebrigens ist die Arbeit auch relativ ungleich, die zwei ersten Bücher sind viel besser behandelt als die drei letzten, in denen z. B. ausser einem Schriftsteller (dominus bo.) Namen selten vorkommen.[3] Im Vergleiche zur früheren Zeit tritt die scharf juristische Behandlung zurück, das Argumentiren aus allen möglichen Gründen in den Vordergrund; auf das römische Recht wird demzufolge eine so geringe Rücksicht genommen, dass gewiss nicht zwölf Citate sich finden. Auch das Decret wird seltener berücksichtigt, es beginnt die Methode der späteren Commentaristik, den einen Paragraphen durch den anderen und umgekehrt zu erklären.

Von Schriftstellern werden namentlich aufgeführt Innocentius IV., dessen Apparat stark benutzt ist, Guilielmus

---

[1] Schon der Umfang in den Handschriften, welche beide die grosse Schrift des XIV. Jahrh. haben, lässt erkennen, dass von einem irgendwie erschöpfenden Werke keine Rede sein kann.

[2] Wie bei Andren, so finden sich auch hier bisweilen Capitel am Ende mit einem Namen (Sigle) unterzeichnet. — Einigemale wird Texteskritik geübt, insbesondere nach Innocenz IV. Vorgange.

[3] Buch I. umfasst im Prager Codex fol. 1—26a, 2. Spalte oben; Buch II. von da bis 44b, B. III. von 45—58a oben 1. Spalte, B. IV. von da bis 61a, 2. Sp. In der Mitte, B. V. bis 70a, 2. Spalte. Schon dieses beweist das Gesagte.

Naso. Guido de Baysio[1] (gui. de ba.), Hostiensis; Bernardus; Egidius (Fuscararius), von dem er Quaestiones vor Augen hat;[2] Tancredus jedoch nur nach Anführungen von Petrus de Sampsone, den er P. de saxonia bezeichnet;[3] Goffredus de Trano (Go.); Vincentius;[4] Laurentius; Rodoicus;[5] Johannes de Deo; einigemalen ein Jo. ohne Beisatz, in dem man wohl Johannes Hispanus finden darf, weil ein Decretalist gemeint ist; Jo. d'gu., womit wahrscheinlich Johannes de Angusollis gemeint ist.[6] Die Glosse ist ihm so stehend, dass er oft schlechtweg sie mit glossator dicit u. dgl. citirt. Am häufigsten, auf jeder Seite fast jedesmal, wo fremde Ansichten aufgeführt werden, stehen Citate mit dominus oder do', do. bo. Entweder ist bo. Abkürzung für den Namen, in welchem Falle damit wohl kaum ein Anderer als

---

[1] Guido de Baysio starb 1313; die Glosse zum Sextus kommt hier nicht in Betracht, da Boatinus seinen Apparat bestimmt vor 1296 schrieb. Es ist auch nicht an den Commentar zum Decret (das Rosarium) zu denken, dessen Vorrede ein Dedicationsbrief des Guido als Archidiaconus von Bologna an den Cardinalbischof Gerbard von Sabina ist. Da Guido 1296 Archidiacon wurde, so müsste man also dann annehmen, wenn man auch festhielte, dass der Brief nach Vollendung des Werkes geschrieben wurde, Boatinus habe das colossale Werk, das in Bologna geschrieben wurde, sofort erhalten und seinen Apparat etwa im letzten Jahre seines Lebens als alter Mann gemacht. Das ist offenbar gewagt. Es darf also gewiss angenommen werden, dass Guido im Anfange seiner Thätigkeit bereits Zusätze zur Glosse oder dergl. publicirt hat.

[2] Zu c. 1. de rescr. „quaestio domini Egi.', welche noch dauere und ‚et ego fui advocatus, quidam saecularis mihi respondit' . . .

[3] c. Causam quae de elect ‚hace est etiam opinio tancredi, ut notat p. d'saxonia in sua lectura super isto c.'

[4] Nach der Art. der Citate zu schliessen scheint er dessen Apparat zu den Decretalen Gregors IX. zu kennen.

[5] Rod.' im Codex. Er hat von ihm, wie die Citate zu c. Cum Wintoniensis und In causis de elect. darthun, eine Schrift vor sich gehabt. Im Prager Codex fol. 45b steht eine Stelle (zu c. 16. III. 4. cum ad hoc), die ganz ihm entnommen und am Ende mit der Sigle Rody. versehen ist.

[6] Siehe die folgende Erörterung über ihn. Die Stelle zu c. Firmiter 1. de summa trin. lautet: ‚ca. in iudiciis hoc videtur falsum, quia multe decretales continent indulgentiam, et ille non debent allegari in iudiciis per omnes, ut hic dicitur. R in glo. vel aliter: Iste decre. aliquid continent propter indulgentiam et illud debet allegari: bo. vel aliter: ille decre. per illos, quibus conceditur indulgentia. Jo. d'gu.'

Jacobus Bonacosa¹ gemeint ist, oder es bedeutet dominus bononiensis und bezeichnet seinen Lehrer aus Bologna. Dass er seine Studien zu Bologna gemacht hat, halte ich für gewiss auf Grund der mancherlei Einzelnheiten, welche er von dorther erwähnt.

XXIX. Als Beleg für die Methode, Beitrag für das Leben und zur Feststellung einzelner Punkte mögen einige Stellen mitgetheilt werden.

c. dilecti I. de ap. et rela. ,Hic in principio t. (tituli) ad intelligentiam ipsius consuevit notare *magister bo.*, quod secundum antiqua iura omnis audiebatur appellatio sive ap. ex causa sive sine causa'...

Zu c. clericus de vita et hon. ,j. de elect., ubi periculum §. praeterea, quae est Gregorii decimi.'

c. quia cunctis de concess. praeb. (*Innoc.* IV. novella). ,§. Item ita se habuit Innoc. papa quartus, qui semper fuit nobilibus gratiosus, volens honorare dominum draconem de barbone, qui fuerat de consanguinitate regis francorum, sede carnotense vacante mandavit priori de anolama, quod conferret domino d. praedictam praebendam vel dignitatem sine cura, siqua vacabat' cet.

Si ecclesia de consecr. ecclesiae. ,§. lavetur. Hic signatur quaedam glo., in qua dicitur, quod simplex sacerdos potest lavare ecclesiam non consecratam, si polluatur sanguine vel semine, sed magister *Jo.* (de) *deo* fuit in contraria opinione i. e. quod hoc non nisi per episcopum fieri possit, et appellat magistrum *bernardum* propter hoc haereticum scil. quia dicebat, hoc posse fieri per simplicem sacerdotem.'

c. Verum de convers. coniug.² ,.. Iste casus fuit in persona domini *guidonis de suzaria*, qui contraxerat cum quadam

---

¹ Mein Lehrbuch Seite 67. Zu c. prudentiam de off. et pot. jud. del. wird gesagt: ,hanc quaestionem disputavit dominus bo. in scolis suis'.

² Diese Stelle citirt Jo. Andr. in c. nn. de voto in 6. also: ,Item hic Arch. dicebat, *Bon.* in decretali verum de convers. coning., quod Guido de Suzaria post matrimonium per se contractum nondum consummatum postulatus fuerat in episcopum Taurin. sed postulatio non fuit ad missa'. Dieses Citat tritt also zu den von mir a. a. O. mitgetheilten hinzu, welche des Bontinus Autorschaft unbedingt darthun. Ueber den Civilisten Guido de Suzaria siehe v. Savigny V. S. 387 ff.

et cum nondum cognovisset eandem, postulatus fuit in episcopum taurinensem, ipse tamen non obtinuit.'

B. Lectura super decretales Gregorii X.

XXX. In beiden genannten Handschriften steht sie ohne jede Ueberschrift nach dem Apparate zu den Decretalen Gregors IX. Sie beginnt also:

‚Gregorius. §. In generali concilio et post videtur contrariari omnibus inscriptionibus, quae habent: Greg. X. in concilio generali, idem in eodem, et sic de cetoris; nam inspectis inscriptionibus omnes decretales inducuntur facte in concilio lug., inspecta vero hac dictione post videtur, quod quedam facte fuerunt in concilio et quedam post' u. s. w.

Ueber die Glossa selbst habe ich a. a. O. Seite 777 fgg. hinlänglich gesprochen.

Johannes de Angusellis.

XXXI. Ueber die Schriften dieses Juristen habe ich bei keinem der älteren oder neueren Literaturhistoriker eine Notiz gefunden. Aus Notizen einzelner Glossatoren und anderen Nachrichten ist sowohl seine Existenz als sein Lehramt in Padua unzweifelhaft. Die folgende auf einer von mir genau untersuchten Handschrift, welche dessen *Commentar zu den Constitutionen Gregors X.* enthält, ruhende Mittheilung möge als Beitrag zur Literaturgeschichte gültig aufgenommen werden. Der Cod. membr. sacc. XIV. der Wiener Hofbibliothek Num. 2216 (Salisb. 327.) enthält nach dem fol. 1—58 stehenden Ordo judiciarius des *Egidius de Fuscarariis* (mein Lehrbuch des Kirchenr. S. 66.) das zu besprechende Werk auf fol. 59—78 b.[1] Von einer spätern Hand ist beigesetzt die Ueberschrift: ‚Apparatus domini Johannis de Agusell. (mit dem Strich durch die zwei l.) professoris utriusque iuris super

---

[1] Für das Aeussere ist interessant, dass die petiae angegeben werden. So steht fol. 65a neben der ersten Spalte in der Mitte: ‚hic finitur secunda petia floriani'. fol. 67 b am Ende: ‚hic finitur tertia petia floriani', fol. 70 b a. F. ‚h. f. IIII. p.', fol. 76 b ‚hic fin. VI. petia mellorati.' Die Namen gehören offenbar den beauftragten Schreibern an.

Gregorianas.' Anfang: ‚Gregorius X. in generali c. lugdunensi. Fideli. Sic incipit lex C. de his qui ad cc. conf. l. fideli (l. 2. Cod. I. 12). Devota. Recte dicit devota quia ex voto necessitatis tenemur ad hoc. Unusquisque ei promittit in baptismo tenere fidem et servare decalogum et alia, sine quibus non est salus.' Ende: Glossa zur const. Quicunque pro eo quod. ‚Hic finitur apparatus Johannis de Cesona sive de Gozellis utriusque iuris professoris super novissimis Gregorii X.'

Ein Giovani Angusciola von Cesena wird als Professor in Padua erwähnt von Colle Storia scientifico-letteraria dello Studio di Padova. Vol. III. Pad. 1825. 4. pag. 19 sq. Colle bemerkt aber, dass ihm dessen Name in keinem Documente vorgekommen sei und er sich allein stütze auf Albertus de Gandino (v. Savigny V. S. 560 ff.). Dieser sagt in seinem Werke de maleficiis:' Tit. de poenis reorum N. 7. ‚hanc autem dist. sic copiose notavit d. Jo. de Angusel. de Cesena legum doctor in utroque jure Pad., in scholis ego Al. didici ab eo.' Vgl. über ihn weiter Panzirolus L. III. cap. 19, Facciolati Fasti Gymn. Patav. I. p. 33. Gegen letzteren polemisirt Tiracoschi und nach ihm Colle, dass er nicht im Anfange des XIV. Jahrh. gelebt haben könne, weil Albertus schon 1284 in Bologna lehrte. Dass er nicht nach Bologna gegangen sei, wie Parzirolus und nach ihm Papadopoli annimmt, hält Colle durch das Schweigen von Sarti für erwiesen. Es ist nun wohl unzweifelhaft, dass ein selbstständiger Commentar zu den Decretalen Gregors X. kaum nach dem Erscheinen des Liber sextus, also nach 1298, gemacht sein dürfte. Man darf ebensowohl annehmen, dass nach den sonst bekannten Vorgängen bald zum Commentiren geschritten wurde. Es dürfte mithin — die Autorschaft vorausgesetzt - dieser Commentar am Ende der 70ger Jahre des XIII. Jahrhunderts gemacht sein. An der Autorschaft selbst, welche den mit der Schrift des Textes gleichzeitigen Schlussvermerk angiht, zu zweifeln, haben wir um so weniger Grund, als Name, Ort der Herkunft und Zeit mit dem gut stimmen, was Albert erzählt. Doch davon abgesehn, ist diese Handschrift allein Beweis genug.

---

[1] Ausgabe Lugd. 1532. 8. fol. CCCLXXVIIb.

In den meisten Erörterungen zu den einzelnen Decretalen steht mehrmalen, oft nach jeder Glosse, oft nach grösseren Partien der Name unzähligemale ausgeschrieben Jo. de cescna, oft abgekürzt Jo. de ccs, oft auch blos Jo.
Dass nun der Verfasser in Padua lebte, beweist wieder der Commentar selbst. Es genügt hervorzuheben die Decretale Quanquam usurarii (c. 2. de usuris in 6." V. 5.), wo es heisst: ‚Sed quid si iste, qui petit restitutionem usurarum, litigat per procuratorem coram episcopo, sicut contigit de facto coram domino episcopo Paduano in quadam causa, in qua eram patronus. Heres fenerarius objecit illi, quod non poterat litigare per procuratorem, quia erat minor XXV annis. Iudex ex aspectu pronuntiavit, eum maiorem et sic posse per procuratorem agere . . .'

Ueber die Zeit der Abfassung lässt sich aus dem Werke Folgendes entnehmen. Er citirt wiederholt Bernardus zu den Decretalen Innocenz IV. z. B. im cap. ut circa electiones (c. 4. de elect. in 6. I. 4.), ebenso die Glosse des Bernhardus de Botone zu den Decretalen Gregors IX. (z. B. in dem cap. quanquam usurarii: ‚licet haec allegat bernhardus ex. de elect.‘ und mehrmals), ferner die Summa Hosticnsis,[1] dann des Goffredus Summa.[2] Von Civilisten finde ich nur Azo und Accursius citirt. Der Commentar des Bernhard von Parma zu den Decretalen Gregors IX. ist 1264, der des andren Bernhard zu den Decretalen Innocenz IV. viel früher vollendet worden, die Summe Godfrieds nach 1241, die von Henricus de Segusia (Hostiensis) zwischen 1250 und 1261. Da er keinen der Commentatoren der Decretalen Gregors X. (Garsias, Wilhelm Durantis) kennt, auch keine anderen nach 1260 fallenden Schriftsteller citirt: so dürfte die Annahme gerechtfertigt sein, er habe die Decretalen bald nach ihrem Erscheinen, vielleicht noch 1275 commentirt. Damit stimmt, dass, so viel ich bemerke, keine jüngere Decretale citirt wird.

---

[1] Zu cap. Quam sit dispendiosa heisst es: ‚nec dicitur, quod infra illos menses debeat praesentari, vel quod electus debeat consentire et ideo hostiensis movit hanc questionem in summa sua e. t. §. quam penam.'

[2] Cap. decet domum dei: ‚et si non veneris secundum groff. dic quod non, nec. hostiensem dic quod sic et allega pro uno quoque ut in summis eorum allegatur . . .‘

XXXII. Sehen wir auf die Arbeit selbst, so darf sie für eine im Vergleiche zu den meisten jener Zeit bedeutende erklärt werden. Sie enthält eine weitaus grössere Rücksichtnahme auf das römische Recht in seinem ganzen Quellenumfange, als die Glossa ordinaria und ziemlich die meisten Schriftsteller; daneben kommt auch das Lehenrecht in Betracht, aus dem einige Stellen (z. B. de regalibus) mitgetheilt werden. Ich möchte' glauben, Johannes habe das römische Recht ebenfalls docirt, mindestens war er darin sehr zu Hause.

Merkwürdig ist, dass wir nirgends von dem Werke eine Erwähnung finden. Wenn Garsias und Durantis in ihren Commentaren es nicht berücksichtigen, so erklärt sich dieses leicht, weil wohl beide, jedenfalls aber der von Durantis gleichzeitig sein dürfte. Auffallend bleibt es hingegen von Johannes Andreä und Johannes Monachus. Obwohl nicht wahr zu sein scheint, was behauptet wird,[1] dass Johannes Andreä dieses Johannes Werk de sponsalibus et matrimonio sich zugeschrieben habe, so lässt sich doch dessen Schweigen nicht leicht erklären.[2] Jedenfalls hat man schon früh seine Werke nicht mehr besessen resp. gekannt. Panzirolus L. III. cap. XVIII. sagt: ‚cujus scripta temporum injuria periere. Eruditus tamen de Protestationibus ejus liber et alius de Sponsalibus, ac Matrimoniis extat, quem Joannes Andreae sibi impudenter adscribere non erubuit.‛ Uebrigens wäre er nicht der Einzige, dessen Schriften man bald nachher nicht mehr gekannt hätte, wie sich bei Boatinus von Mantua gezeigt hat.

[1] Albericus de Rosate dictionarium ad utriusque juris facilitatem cet. Lugd. 1548 fol. sub voce matrimonium j. (primo) est viri et mulieris coniunctio: ‚Et in quadam summula Jo. an., quam fecit super matrimonii; et quae originaliter fuit do. Joã. de angosolis, qui eam composuit; licet ipse Jo. an. eam sibi ascripserit.‛ Aber in Cod. tit. de spons. rubr. sagt er: ‚De hoc breviter et utiliter traditur per Jo. An. in summa sua, quam composuit super IV. lib. Decr., quae incipit: Christi nomen invocans, et in quadam etiam summa antiqua, quae dicitur composita fuisse per dom. Jo. d. Anguselis.‛ Panzirolus L. III. c. XVIII. hat wohl die erste Notiz aufgenommen, die zweite aber scheint er nicht zu kennen. Albericus lebte zu Bergamo und starb 1354, hatte in Padua studiert. Vgl. v. Savigny v. S. 126 ff.

[2] Denn Johannes Andreä hat ja selbst in Padua docirt und zeigt sonst eine so grosse Kenntniss der Literatur.

Guido de Baysio hat unzweifelhaft dieses Johannes Werke gekannt, und, obwohl er nicht ein einzigesmal dieselben in seinem Apparate zum Liber Sextus citirt, benutzt. Dies beweisen meines Erachtens folgende Stellen, wobei ich keine spätere glossirte Ausgabe des Corpus juris canonici zu Grunde lege, sondern die von 1476. Basol. Michael Wenzlers.

Glossa ad c. ubi pericul. 3 de elect. v. suffragio.

Suffragio i. o. consensu. sic. sumitur ff. de leg. I. de quibus in fin. ff. quod cuiusquo univers, l. item eorum §. 1. ad haec ff. de decur. l. spurii §. minores. infeod. c. ex eo. aliquando sumitur pro auxilio consilio, vel servitio, 12. q. 2. cap. quicunque suffragio. C. de suffr. l. i. *Archidiaconus*.

Codex fol. 60 b.

Suffragio i. e. consensu in electionibus praestito. sic. sumitur ff. de leg. 1. senatusque cons. de quibus in fi. et ff. quod cuiusque univ. l. item eorum §. 1. alibi accipitur pro auxilio vel consilio vel servitio ut XI. q. 2. quicunque suffragio et C. de suffr. l. 1.

Glossa ad c. 9 ibid. v. celebratis. Celebratis. Uno contextu sup. eo. c. congregato antequam divertant ad oxtraneos actus. nam quae in continenti fiunt, inesse videntur. sup. eod. c. officii ff. si cert. pet. l. lecta. si autem fiant ex interwallo: dic, ut not. sup. eod. c. auditis in glos. nota quia *Archid.*

Codex fol. 64 b.

Celebratis. In una ecclesia et simul et in continenti una post aliam antequam ad actum extraneum eligentes. j. e. congregato, quia, quae in continenti fiunt, inesse videntur j. e. officiit et ff. si certum pet. lecta. si autem ex intervallo fiant, quae praevaleat, diversi mode dicitur ut no. e. t. auditis in fi. gl. no. quod dic. ut ibi. *Jo.*

Auch Johannes Andreae hat trotz seines Schweigens sowohl im Apparate als in der Novella zum Sextus dies Werk benutzt.

Interessant ist, dass gleichzeitig in Padua zwei Professoren: Boatinus und dieser Johannes, sich der Bearbeitung der neuen Decretalen widmeten. Es zeugt das jedenfalls zu Gunsten eines lebhaften Studiums. Auch bleibt interessant, dass, wie für manche ältere Schriften in meinen Beiträgen zur Geschichte der Literatur über das Decret Gratians gezeigt wurde, so die Schriften dieser beiden sich gerade in deutschen Bibliotheken erhalten haben. Sollten sie sich auch anderwärts noch vorfinden, jedenfalls deutet jene Thatsache auf einen lebhaften Besuch Padua's im Anfange des XIV., am Ende des XIII. Jahrhunderts. Dieser Besuch dauerte auch bis ins XV. Jahrhundert hinein, wie eine Anzahl von in Padua gemachten Abschriften Prager Bibliotheken beweisen. [1]

Suffragium Monachorum.

XXXIII. — Ich beschreibe dasselbe nach dem Berliner Cod. Ms lat. fol. 276. membr. s. XIV. [‚Monasterii Bledzovien. sacri ordinis Cisterciensis.'] von fol. 1—133a. ‚In nomine domini amen. Incipiunt casus legum qui dicuntur suffragium.' Nach dieser Rubrik: ‚Quoniam multa decretalium puncta expositione indigent ampliore, in glosis quoque additiones cum declarationibus imminent faciende. cum nichil sit tam proprium legis sicut claritas. in autenticis de testamentis imperfectis §. nos et ar. C. de no. co. compo. l. ult. verbum quibus, idcirco ad honorem individue trinitatis et gloriosissime virginis marie et omnium sanctorum praedicta duxi pro viribus veniam super minus bene dicendis postulando.'

‚Gregorius' episcopus et cet. Ad evidentiam istus glose que incipit ‚huius libri' nota quod ista quinque que premittuntur. materia. intencio etc. operata sunt ad similitudinem quinque que sunt in natur. materia. forma. efficiens. finis et accidencia. Quia secundum prophetam.'

Das Werk enthält einen Commentar zu der Glossa ordinaria des Bernardus Parmensis in der Weise, dass anknüpfend an deren Worte ihr Inhalt vorzugsweise aus dem römischen Rechte belegt wird. Hierbei werden dann allerdings eine Menge von selbstverständlichen Dingen mit Aussprüchen begründet, viele Citate an den Haaren herbeigezogen, so dass ihm ein beson-

---

[1] Man sehe meine Canon. Handschr. num. 184., 188., 157., 284.

dem hoher Wert nicht beigelegt werden kann. Gleichwohl war es geeignet, demjenigen Theile des Clerus, welcher keine besonderen Studien über das römische Recht gemacht hatte, als bequemes Hilfsmittel für dessen Kenntniss zu erscheinen. Aus diesem Grunde nimmt es eine Stelle in der Literaturgeschichte ein, ja verdiente wohl eine eingehende Untersuchung.

Mit dem angegebenen Zwecke und Charakter des Werkes hängt der Name Suffragium magnum zusammen. Es wird jedoch meist genannt Suffragium monachorum. Ueber dieses spricht sich Johannes Andreae, ohne es näher zu bezeichnen, in der Novella super decretalibus Prooem. sub v. novella [Ausg. Impr. in oppido Tridini dominii Illustr. et invictiss. dni dni Guielmi Marchionis Montisferrati. Impensis dni Joannis de Ferrariis alias de Jolitis ac dni Girardi de Zeiis pdicti loci. Anno nativitatis dni nostri Jesu xpi MCCCCCXII. Die XVII. Mensis Maii; fol. a. col. II.] also aus:

„Etiam tantum habemus sufragium monachorum opus quidem superfluitatibus defectibus et falsitatibus plenum et liceat sic verum loqui: ex eo saltem quod ignoramus auctorem.‘

Dadurch ist, wie bereits v. Savigny (Gesch. des röm. Rechts VI. S. 125, II. Aufl.) bemerkt hat, die angebliche Autorschaft des Johannes Andreä zurückgewiesen, obwohl er dasselbe gleichwohl vielfach zu Rathe gezogen zu haben scheint. Ueber seine Gestalt gibt er nur a. a. O. zu dem Worte Gregorius (fol. a. col. 4.) an, wo er die Vorreden der Summen u. s. w. kurz beschreibt:

„Suffragium etiam caret prohemio et ignoramus auctionem‘ [1. auctorem].

XXXIV. Das Werk selbst kommt aber in verschiedener Gestalt vor. In der von mir früher [„Die canonistischen Handschriften der Bibl. ... zu Prag. Prag 1868. Abhandl. der kön. böhm. Gesellsch. d. Wiss., VI. Folge II. Bd. Nr. 121] beschriebenen Handschrift des böhmischen Museums M. 17. wird ein Werk geradezu bezeichnet Suffragia monachorum, welches mit dem hier besprochenen in Vielem zusammentrifft, oft aber viel kürzer ist. In ihm fehlt der Anfang „Quoniam‘ u. s. w. Statt dessen steht als Einleitung die eines weiter unten beschriebenen Werkes:

‚Pone quedam mulier nolebat lugere maritum suum i. annum et statim nubebat; quaeritur quomodo debet puniri.

Am Ende: ‚expliciunt quorum suffragia sunt monachorum.' Geradeso findet es sich im Cod. der Leipziger Universitätsbibl. 992., membr., fol., s. XIV.

Es kann wohl nicht zweifelhaft sein, dass wir verschiedene Formen derselben Schrift vor uns haben. Die Zeit der Entstehung wird einerseits dadurch festgestellt, dass es nicht in die Zeit unmittelbar vor Johannes Andreae fallen kann, indem sonst der Autor schwerlich diesem unbekannt geblieben wäre, aber nach dem Jahre 1245 entstanden sein muss, da die Arbeit über die Decretalen Innocenz IV. von demselben Verfasser herrührt, wie die unbedingt gleiche Art der Behandlung ergibt. Wenn man aber (vgl. mein Lehrb. des Kirchenr. 2. Aufl. S. 63) annimmt, die Glosse des Bernhard von Parma zu den Decretalen Gregors IX. sei nicht vor 1263 fertig bez. schon in einer ersten Form verbreitet gewesen, so dürfte die Zeit von 1266, wo Bernhard starb, ziemlich die der Entstehung sein, da sich sonst kaum erklären liesse, dass auf spätere Gesetze und Literatur keine Rücksicht genommen wird. Als Beispiel der Behandlung zu c. Canonum statuta fol. 2b. palea est conscripta paleacio sive declaracio ad instar capituli edita et promulgata, per quam dictum aliquod quodammodo semiplene positum paleatur i. e. paiulatur sive propalatur. dicta a palo hoc est a stipite qui palam extenditur et videtur, vel secundum quosdam palea dicitur a patho grā [Gratiani] discipulo. §. Sunt tamen qui dicunt paleam similitudinarie dici a palea, de qua emusa et excussa sunt grana, volentes ex hoc inferre, quod palee inutiles sint et minus valide, quibus standum non est cum alique palee validiores sunt ipsis capitulis et allegentur et corpori decretorum compaginentur; alias frustra membranas occuparent. §. Differt autem palea a capitulo solum in nomine et non in re, quia pro uno et eodem reputantur.'

Der Ausdruck Casus legum ist rücksichtlich beider Wörter nicht im gewöhnlichen Sinne zu nehmen. Es enthält nämlich das Werk keineswegs etwa eine blosse Sammlung von casus, sondern eine Sammlung, in der Casus, Citate aus dem römischen Rechte, Verweisungen, etymologische Studien, Erzählungen u. s. w. durcheinander vorkommen, ohne dass die Casus vorwiegen. Mit legum ist nicht das römische Recht gemeint, weshalb die Erklärung Rechtsfälle oder Erläuterungen aus den leges nicht passen würde, sondern damit sind die Decretalen selbst bezeichnet. Hierüber kann kein Zweifel sein, da es am Ende von Buch I. auf fol. 44 b heisst:

,Explicit liber primus legum
Incipit liber secundus de iudiciis.'

Der Schluss fol. 133 a lautet:

,Veniens et j. ex hoc ipsum. ff. locati. Item quaeritur §. Julianus, ubi dicitur, quod magistro levis castigatio concessa est nec tenetur accusacione legis aquilie, si leviter verberaverit aliquem discipulum, ut ff. ad l. aquil. sed etsi §. ultimo.

Expliciunt casus legum
sive suffragium magnum
benedictus sit deus. Amen.'

XXXV. Dieselbe Berliner Handschrift hat fol. 134—147 a einen Commentar in derselben Art und offenbar von demselben Verfasser, als der zu den Decretalen Gregors IX., zu den Decretalen P. Innocenz IV. Die Rubrik lautet: ,Incipiunt novellae Gregorianae. Rubrica de rescriptis.'

Sie enthält ohne den Text einen Commentar zu folgenden Nummern der Sammlung von Innocenz: 1 bis 5, 9 bis 14, 16 bis 19, 15, 21, 22, 25, 27, 40, 36, 37, 38, 39, 34.

Vor dem vorletzten Capitel ,Quia periculosum' steht die auffällige Rubrik:

,Incipiunt Innocenciae.'

Am Schlusse heisst es:

,expliciunt novelle constitutiones gregoriane et aliquae innocenciane.'

Die 3 ersten (1, 2, 3) stehen unter der Rubrik de rescriptis, die drei folgenden (4, 5, 9) de electionibus, 10, 11, 12 de officio legati, 13 de foro comp., 14 de lit. cont., 16 de dolo et cont., 17 de eo qui mitt., 18, 19 de confessis, 15 de restit. spoliat., 21 de except., 22 de sent. et re iud., 25, 27 de appell., 40, 36, 37, 38 de sent. et re iud. (die wiederkehrt), die beiden letzteren (,Quia periculosum', ,Romana') sind ohne vorhergehende Rubrik.

Der Commentar selbst hat die Glosse des Bernhardus Compostellanus vor Augen. An deren Worte knüpft er überall an.

Der Commentar zum ersten Capitel cum in multis beginnt:

„Cum in multis. Glo. notat. ff. de testi. l. i. nisi ibi iudices debent moderare numerum testium secundum quod necessarium putaverint esse nec debet pati multitudo scil. superflua testium producatur causa vexandi homines. C. de sacrosanctis eccles., ut inter divinum [l. 23.] ibi dicitur olim si aliquid relinquebatur loco religioso videbatur quod semper competeret ius petenti usque ad centum annos et non ultra.'

Anonymi Notabilia decretalium. [1]

XXXVI. Der Codex membr. fol. signirt P. II. 18. der königl. Bibliothek zu Bamberg enthält fol. 1—92 von einer Hand des XIV. Jahrhunderts (der Catalog hat XIII.) ein Werk mit der Aufschrift: „Notabilia decretalium' und dem Schlusse: „Indignum §. dicitur quod indignum et alienum ab ecclesia rom., ut pro spiritualibus quis facere homagium compellatur: s. de sym. cx diligenti, XII. q. V. c. ultimo. *Expliciunt casus et notabilia decretorum'*. Voran geht eine lange Vorrede, 4½ Spalte fassend. Sie beginnt: „Sicut omnium liberalium artium disciplina suorum elementorum traditionem desiderat, ita juris peritia, quae scientiam suam institutionum insinuationem appetit,

---

[1] Auf dem ersten Blatte: „Codex monasterii sci Michael'. in monte prope bbbg'. N. II. „Quem si quis abstulerit, anathema sit'.
Von fol. 93 bis zu Ende 104 steht eine sehr interessante Sammlung von Quaestionen, aber ohne die Bearbeitung oder Lösung, also offenbar zum Schulgebrauche, civilistischen und canonistischen Inhalts, und zwar Num. 14—20, 1 -31, 1—141. 1 21, 1--15, 32—54. Einige berühren die Zeit Friedrichs I. (Mailand), Viterbo, Bonus Accursus, Egidius (Process gegen den, welchem er in der Krankheit sein Vermögen übertragen, um 'es seinem unehelichen Sohn zu geben), Fälle über Honorare, mehrere betreffend Aretia, Albertus, „lecta est in auditorio Rofredi beneventani juris civilis scientiae professoris in civitate Aretii cautio huiusmodi', Bologna u. s w. Die Schrift gehört dem XIII. Jahrh. an, ist eine ganz andere, als die des ersten Theiles.

affectat verum, qui scientia canonum prius erat per diversa
vagans volumina. Propter hoc missus est liber cunctis gentibus
desideratus, venit canonicae scientiae plenitudo, in qua summus
pontifex nubilosa primitus declaravit'... Jetzt folgen Excla-
mationen über den Werth dieses Buches (Decret. Greg. IX.),
dann will er nach Horazens Spruche kurz sein, verfällt aber
wieder in Redensarten, kommt endlich zur Erklärung, dass er
sagen wolle, ‚primo quao sit iuris origo, secundo, quae ratio
movit *praesentem summum pontificem* ad veterum canonum de-
curtationem', dann die dignitas, materia, intentio u. s. w. des
Buches.[1] Das canonische Recht wird auf das Paradies („for-
mavit deus ad imaginem' etc.) zurückgeleitet, verfolgt, bis dann
als Grund der neuen Sammlung die Nothwendigkeit erscheint.
Er gibt die Geschichte der Compilationes antiquae, jedoch
etwas confus, preist dann die Gregorianische Sammlung, weil
an die Stelle der 25 definitiones der 5 Voluminа 5 getreten
sein. ‚Decurtavit in titulis; nam cum in veteribus quinquies
C. et XXX. tituli comprehenduntur, ad novies XX. sunt hodie
redacti. Item in capitulis, sed non multum. Nam cum in an-
tiquis bis mille et XL duo, ad mille et DCCCC. reducuntur'.
Folgt das Lob der Decretalen, Apostrophe an die Jugend u. s. w.

Rex pacificus. Casus. Qui pacem desiderat, ita voluit,
ita disposuit, quod eius statuta caste pacifice sobrie viverent et
modeste; sed illa, quae radix est omnium malorum, eorum
quietem perturbat, cum nova pariat iurgia... folgt die Angabe
des Inhalts.

Firmiter credimus. Decretalis ista dividitur in tres
partes. Primo dicitur, quod debemus credere et confiteri unum
et incommutabilem deum.....

XXXVII. Die Methode besteht darin, dass zuerst der
Fall des Capitels erzählt, sodann mit dem Worte nota eingeleitet in einem oder mehreren Artikeln auf die in dem Capitel
enthaltenen, bez. daraus gezogenen Rechtssätze aufmerksam
gemacht wird. Eine Stelle sei wegen der Methode mitgetheilt.

---

[1] Interessant der Passus: ‚Et quod priora tempora vix post quadriennium
contingebat prioribus, ut constitutiones Rom. pontificum legerent, hoc vos,
juvenes, a primordio ingrediamini, digni tanto honore tantaque re-
perti felicitate.'

c. Cum autem X. de jure patron. III. 38:
‚Si laicus unum episcopo praesentet et postea alium, arbitrio episcopi relinquitur, quis eorum alteri praeferatur. Si autem clerici vel monachi praesentationem fecerint, prior tempore et praesentatione potior erit in jure. §. Nota, eo ipso, quod venit contra factum suum, videtur reprobare primum. §. Item cum duo praesentantur a laico, episcopus potest, quem voluerit, gratificare; et ita est locus gratificationi, quod verum est, cum dubitatur, quis potior sit. §. Item in praesentato a patrono clerico melior est conditio primo praesentati.‘

Auf Controversen oder die Literatur wird nicht eingegangen. Citate aus dem Decrete und den Decretalen sind häufig, weniger um den Inhalt des Capitels zu erörtern, als um anzudeuten, wo der Gegenstand noch behandelt ist. Die Bemerkungen zu den aus den Compilationes antiquae in die Gregorianische Sammlung übergegangenen Stellen bieten lediglich eine Zusammenstellung aus den ältern Casus und Notabilia. Dies lehrt die oberflächlichste Vergleichung des Anfangs: Tit. de constitutionibus:[1] ‚Canonum statuta. §. In hoc capitulo dicitur, quod canones debent ab omnibus observari et secundum eorum auctoritate, non secundum proprium vel ingenium debet iudex judicare. §. No. neminem suo sensu uti debere.

Cognoscentes. Hic dicit Gg., quod antequam constitutio emanavorit, contra faciens non est constitutionis trausgressor, et quod constitutio ad futura tantum respicit, nec extenditur ad praeterita. §. No. neminem puniri sine culpa. §. Nota constitutionem respicere futura tantum. §. No. neminem ligari constitutione, antequam ad eum perveniat.‘

Die Bemerkungen zu denjenigen Decretalen, welche von Gregor IX. selbst herrühren, sind meist mager, bieten oft keine Notabilia, so dass man daraus den doppelten Schluss ziehen darf, dass der Verfasser kein selbstständiges productives Talent besass und für diese Decretalen keine Vorarbeiten benutzen konnte.

XXXVIII. Der innere Werth der Arbeit ist ebensowenig von Bedeutung, als sie zum Verständniss der Decretalen

---

[1] Man vergleiche damit die Mittheilungen in meiner Literaturgesch. der Comp. ant. Wien 1870, Seite 2 fg.

beiträgt. Für die Literaturgeschichte hat sie dadurch Interesse, dass sie nach der Vorrede noch in die Lebenszeit Gregors IX. fällt, also nach 5. Sept. 1234 (Datum der Bulle Rex Pacificus) und vor 21. Aug. 1241 (Todestag Gregors IX.) gemacht ist, somit zu den ältesten Schriften über die Gregorianische Sammlung gehört. Eine grössere Bedeutung hätte sie, wenn sie von Bernhard von Parma benutzt wäre. Dies aber wage ich nicht zu behaupten. Bewiesen wäre es erst dann, wenn man die Benutzung für Decretalen von Gregor IX. nachweisen könnte. Denn stimmt auch dies Werk und die Glosse Bernhards für viele vorgregorianische Decretalen, so liegt darin kein Beweis der Benutzung, weil Bernhard gleich dem anderen sich unmittelbar an die Notabilia zu den Comp. antiquae halten konnte. Ich nehme aber das Gegentheil an, weil Bernhard die früheren Glossen durchweg nicht aus den Originalapparaten, sondern aus späteren Verarbeitungen entnommen hat. Ich habe bei einer grossen Zahl der von Gregor IX. herrührenden Stellen eine Vergleichung der Glossa ordinaria und dieses Buches angestellt, aber nicht gefunden, dass sich behaupten lässt: Bernhard hat diese oder jene Stelle abgeschrieben. Dass Aehnlichkeiten vorkommen, versteht sich ganz von selbst. Auch ist Bernhard gerade bei den von Gregor IX. herrührenden Stellen meist sehr ausführlich. Die Methode, im Eingange der Glosse den Casus und Notabilia zu geben, ist nicht neu, da sie in den Notabillen zu den Compilationes antiquae bereits angewendet worden war.

XXXIX. Ein ähnliches Werk enthält der Codex der Wiener Hofbibliothek Num. 2173. saec. XIV. inc. fol. 10—67. fünftletzte Zeile der zweiten Spalte.

‚Incipiunt notabilia decretalium de summa trinitate et fide katholica.'

‚Rex pacificus etc. Ibi nota quod qualis est dominus, talis servus esse debet. Item castitas sola est quae cum fiducia possibilis est deo animas praesentare: In auten. ut lenonibus C. sancimus coll. III. Item debet quis esse pudicus quia impudicus oculus impudici cordis est nuntius: XXXIII. q. V. nec solo . . . . . sed licet baptismus secundum Bernh. dicatur unus de articulis fidei tamen in veritate non est, sed est unum de sacramentis.

Incipiunt notabilia decretalium. De summa trinitate et fide Katholica.

Firmiter credimus etc. Ibi nota, quod sanctam trinitatem firmiter credere debemus et simpliciter confiteri. Item dyabolus et demones alii natura creati sunt boni, sed per se facti sunt mali.‚

Das Werk bietet durchweg eine kurze Angabe der im Capitel enthaltenen Sätze mit Beiseitesetzung jeder Erörterung, ohne Citate und Parallelstellen.

XL. Unmittelbar daran fol. 67a—69a fünftletzte Zeile. Incipiunt notabilia Novellarum. de rescriptis.

Cnm in multis etc. Ibi nota quod infinitas restringenda est sive generalitas. Item differendum est ordinariae jurisdictioni ut j. de ap. nt decitus. Im selben Geiste, jedoch etwas ausführlicher.

Die Notabilia erstrecken sich auf die Nummern 1—29, 31—42. der Sammlung Innocenz IV.

XLI. Darauf bis zu Ende 60b. Expliciunt novellae decretales.

Incipiunt novissimae de summa trinitate et fide katholica per Gregorium papam compilatae.

Hierauf die Notabilia zu den 29 ersten Decretalen Gregors X., worunter auch das c. properandum, das im Sextus nicht enthalten ist.

XLII. Ein Werk verschiedenen Charakters, aber doch in diese Kategorie gehörig enthält ein Codex der Berliner Staatsbibliothek, Cod. ms. lat. in 8°. Nr. 59., membr., saec. XIV incip., 201 Blätter je 2 Col. zu 30 Zeilen, sehr klein aber schön geschrieben mit blauen und rothen und vergoldeten Initialien bei jeder Rubrik, jeder Ueberschrift und jedem Capitel, ausgeführt vom Anfang bis zu Ende. Im vordern Deckel von einer Hand des 15. Jahrh.

„Anno domini M°C°L" liber decretorum fuit promulgatus. Anno domini M°CC°XXXIII promulgatae sunt decretales. Anno domini M°CC°
Clementinen 1316.
„Incipit liber primus *decretalium abbreviatarum.*‚

Das Werk liefert eine Abkürzung der Gregorianischen Decretalen. Die Ordnung, der Name des Papstes und das Anfangswort sind beibehalten. Der Inhalt wird bald kürzer bald länger gegeben, ist vielfach zutreffend, oft aber auch in gewisser Beziehung willkürlich. Als Beispiel diene die Publicationsbulle.

‚Gregorius epc. s. s. d. dil. fil. doct. etc. In hoc prologo assignat dominus papa· quatuor causas, ratione quarum ductus fuit ad removendum veteres decretales. Prima est nimia similitudo; secunda contrarietas; tertia quia veteres nimis erant prolixae et confusionem inducebant. Quarta, quia quaedam erant vagantes extra quinque[1] volumina et erant quasi incertae.'

Die Excerpte erstrecken sich vielfach nur auf die Aufstellung eines Rechtssatzes, mag derselbe in der Stelle selbst ausgesprochen oder aus ihr abstrahirt sein. Einzeln wird der Sinn auch der Art wiedergegeben, dass über die Worte hinausgegangen wird. Einige Beispiele genügen.

C. 8. x. de constit. I. 2. ‚Cum accessissent et infra. Constitutio non tenet, nisi per apostolicam sedem fuerit roborata sive confirmata.'[2]

C. 11 x. de rescr. I. 2. ‚Ad audientiam et j. Si aliquis impetraverit litteras, in quibus falsa latinitas inseratur, eis fides non est adhibenda.'[3]

Von der verkehrten Ordnung bietet ein Beispiel Tit x. III. 26, wo die Capitel also folgen: 1. 2. 7—11. 3. 4. 6. 12. 5. 13. ff.

Einen grossen Werth kann man dem Werke nicht beilegen. Seine Bedeutung liegt darin, dass es erstens einen Beitrag liefert zu einer besonderen Art der Behandlung der Decretalen, zweitens einen neuen Beleg bildet[4] zu der früh eintretenden Neigung, das unmittelbare Quellenstudium durch diese Art von Compendien zu ersetzen, und dadurch die Kenntniss der Quellen bez. des Rechts allgemein zugänglicher zu machen.

---

[1] Dieses beweist des Verfassers Kenntniss der Compilationes antiquae, denn Gregor nennt nicht ‚quinque', sondern blos ‚volumina'.
[2] Das entspricht durchaus nicht dem Inhalte.
[3] So interpretirt auch Johannes Andreae die Stelle, dem das Summarium der Editionen sie entnommen.
[4] Ein andrer liegt in den Casus summarii.

Leges extractae super decretales.

XLIII. Unter diesem Titel enthalten die Handschriften: Bamberg, kön. Bibl. P. II. 16. fol. mbr. s. XIV. Dieselbe P. III. 2. mbr. s. XIV. von f. 33—119 ein eigenthümliches Werk. Dasselbe bestellt in nichts als Citaten aus dem römischen Rechte zu den einzelnen Capiteln der Gregorianischen Decretalen. Dass bei der Sucht, Alles mit Stellen des römischen Rechts zu belegen, und sich darauf zu beschränken, das Citat oft passt wie die Faust aufs Auge, ist leicht zu begreifen und wird Jeder aus dem Eingange und z. B. den mitgetheilten Stellen zu c. 1. de conc. praeb., c. 5. x. de celebr. missar. ersehen. Zu vielen Stellen war es schwer, Citate zu finden; sie sind dann entweder übergangen ohne jede Erwähnung, oder blos mit der Bemerkung citirt, dass keine lex passt u. dgl. Ich theile ein Stück der sonderbaren in beiden Handschriften stehenden Einleitung, und einige Stellen mit, damit es möglich sei, sich ein Bild zu machen.

,Pone quaedam mulier nolebat lugere maritum suum infra annum et statim nobebat: quaeritur, quomodo debet puniri? Dicitur, quod infamis efficitur, et si aliquid erat sibi relictum legatorum causa vel fidei commissorum vel donationis mortis causa expers erit facta, si ab intestato discedat, heredes sui possunt vendicare sibi praedicta, quia fiscus ei non succedit, ne corrigendo mores laicorum imperator legibus suis videat iniustitiam aliis fecisse ut C. de secundis nupt. l. I. §. I.

Super decr. leges extractae.

Grogorius episcopus. Quia sicut per servum domino acquiritur, ita per imperium hominibus. Unde dicit lex, quod bona parentum post mortem eorum apud filios debent manere, quia omne bonum quod acquiritur hominibus sive a deo sive ab imperio, decet esse mansurum, ut in corpore autenticorum constitutio quae dignitas liberat a paterna potestate §. illud quorum coll. VI. §. Item dicit imperator; omnes dies ac noctes nobis contingunt cum omni lucubratione ac cogitatione degere, ut aliquid placens deo et amabile nostris collationibus praebeamus, in auten. ut judices sine quoquo suffragio, in princ. coll. II. §. Item dicit imperator alias voluntarios labores appetimus, ut quietem aliis praoparemus: in auten. ut divae missiones, in princ. coll. VIII. Bolon.'

C. suffraganeis pallium x. de olect. I. 6. quia si aliquid est personale, non potest alii dare, ut ff. ad senatusceons. Maced. l. Labeo.

C. 2. de auct. et usu pallii l. 8. ‚Unde dicit lex, quod privilegium personae concessum persona exstincta exstinguitur privilegium, ut ff. de reg. jur. l. priv. non obstat, quod dicitur ff. de relig. et sumpt. fun. l. I. si quis.

C. 4. ibid. ut C. de praepos. et sacr. cubiculariis l. ult. l. 1. XII. et ff. de off. proconsul. l. I., *quorum casus sunt in apparatu*. §. J. d. l., q. si aliquis locavit alicui vestem sericam, non debet uti ea, nisi tali loco, quo veste sorica utendum est, ut de usufr. sed si qui §. 1.

C. 5. ib. Ex tuar. coruptela. ff. de off. procons. l. 1., *cuius casus non est in glo.* casibus. Unde d. l., q. si praetor vetat aliquid in pluribus, in aliis omnibus permittere videtur, ut ff. de jud. cum praetor.

C. 6. ib. pallio, quia proconsul extra provinciam potest uti palli cum insigniis proconsulis: ff. de off. procons. l. II.

C. 13. x. de regul. III. 31. ‚non continet aliquas leges haec decretalis'.

C. 1. X. de relig. dom. III. 36. ‚haec decretalis non habet casus legales'.

Ende im Titel de sent. excom. mit C. 16. ‚veniens et j. ex hoc ipsum: ff. loca., quem §. Julianus., [rectius. Item §. Item Jul. l. 13. §. 4. Dig. XIX. 2.] ubi dicitur, quod magistris levis castigatio est concessa, nec tenetur actione legis Aquiliae, si leviter verberavit aliquem discipulum, ut ff. ad leg. Aquil., sed et si §. ult.' ‚Explicit. Deo gratias.'

Wäre es nicht in einigen Stellen selbst gesagt, so würde die oberflächlichste Vergleichung zeigen, dass die Quelle dieser Citate die Glossa ordinaria von Bernhard von Parma ist. Passen auch in der Glosse schon manche Citate nicht besonders, weil sie mit Haaren herbeigezogen sind, so fällt es dort nicht allzusehr auf, weil sie als Belege der Erörterungen stehen. Da aber hier diese ausfallen, zeigt sich das Gezwungene in grellem Lichte. — Ueber den Verfasser auch nur eine Vermuthung aufzustellen ist schwer. Ich finde das Werk nirgends erwähnt. Seine Abfassung fällt wohl in das Ende des 13. Jahrhunderts. Sein innerer Werth ist selbstredend null; es ist lediglich interessant als Beitrag zur Literaturgeschichte.

Zur Literatur und Textordnung der Decretalen Innocenz IV.

In der Abhandlung ‚Die Decretalen zwischen den Decret. Greg. IX.' u. s. w., dem Nachtrage in ‚Die Rechtshandschriften' S. 614 ff. und im ‚Iter gallicum' habe ich eingehend über die Sammlungen und Bearbeitungen der Decretalen von 1234 bis 1298 gehandelt. Die grosse mir seitdem bekannt gewordeue Zahl von Handschriften gestattet einen ziemlichen Abschluss des Gegenstandes. Deshalb soll, unter Zugrundelegung der Forschungen in jenen Abhandlungen eine Zusammenstellung der Resultate gegeben werden, wie eine solche durch das Interesse des Gegenstandes gerechtfertigt ist. Der Kürze halber bezeichne ich die erste Abhandlung mit D., die zweite mit R., die dritte mit J.

A. Die Ordnung des Textes.

I. In der Form für Bologna.

Sie war unzweifelhaft die folgende, wobei die in D. Seite 705 ff. angenommene Zahlenfolge zu Grunde gelegt wird:

1. bis 29. 31. 32. 30. 33. bis 42.

Dieso haben die mit der Publicationsbulle für Bologna versehenen Handschriften:

1) Berlin, kön. Bibl. Cod. ms. lat. fol. 7, mbr. saec. XIV. Hieraus hat sie Böhmer edirt.

2) Der von Mansi benutzte Codex. Vgl. jedoch D. S. 708.

3) Cod. von Molk. R. Seite 615.

4) Montpellier, bibl. de l'école de médecine H. 9. Iter Seite 403.

5) Wien, Hofbibl. num. 2056 fol. mbr. s. XIV. Er hört mit 28 auf.

6) **Fulda**, öffentl. Bibl. D. 21. fol. membr. s. XIII. auf XIV. Es fehlt jedoch num. 30.

7) **Leipzig**, Universitätsbibl. 973 fol. mbr. s. XIV. Er hat (wie Böhmer) nach 5: ‚Innoc. Ep. S. S. D. dif. fil. univ. mag. et scol. Paris. s. et a. p. Cum inter ven. fr. nostros Remens. arch.' etc. Vgl. D. Seite 706, Note 16. Geschrieben ist er zu Leipzig vom canonicus Nicolaus s. Thomae.

II. In der Form für Paris.

Es scheint 30. gefehlt zu haben, sonst dieselbe Ordnung obgewaltet zu haben, wie lehren die Codices

1) **Chartres** num. 263. — J. Seite 470. Hat 1—29, 31—33. Sane quia. 34—42.

2) Dieselbe Bibl. 326. Ist defect, hat 28. 29. 31—42.

III. Abweichende Formen nicht glossirter Handschriften.

1) **Montpellier**, Univ. H. 51. in altfranz. Uebersetzung (J. Seite 405): Bulle für Paris, num. 1—6., 8—12. 14. 13. 15—18. 20. 19. 21. 22. 25—27. 31. 32. 34. 35—40. 28. 29. 33. 42. Es fehlen also: 7. 23. 24. 30. 41.

2) **Angers** 361. (J. Seite 444) hat 1—6. 8—22. 25—27. 34—40. 18. Es fehlen: 7. 23. 24. 28. 28. 30—33. 41. 42.

3) **Alençon** num. 23. (J. Seite 451), der den Defect des Anfanges zum Theile nachholt. Er hat: 20. 26. 27. 31. 32. 34. 35. 38—40., Rom. Pont. qui iura, Nullum etiam eorum, Ecclesia quae, Mediatores, 17. 14. 2. 16. 3. 1. 4. 10. 15. 21. 22. 25. 36. 37. 18. 19. 6. 8. 11. 13.

4) **Trier** Stadtbibl. 864. fol. mbr. s. XIII. fügt am Ende der Titel in der Gregorianischen Sammlung bei: Rom. Pont., 3. 1. 4., 5. (mit der Einleitung Idem in conc. Lugd. Cum actus legitimi u. s. w.), Quia saepe (D. Seite 730), Expediendis causarum . . praesenti 2., 12. 18. 10. 17. 20. 15. 16. 21., Ven. fratrum, 22. 25., Consuluit nos. Vom cap. 8. X. qui filii sint legit. IV. 17. bis einschliesslich cap. 1. X. de novi operis nunc. V. 32. fehlt.

5) **Cassel** Landesbibl. ms. jur. in fol. 32., mbr. saec. XIV. Dieser Codex ist der originellste, er schaltet auf eingelegten Pergamentblättchen von späterer Hand geschrieben ein: Tit. de rescr. num. 1. 2. 3., de elect. 4. 5., de off. jud. del. 9.

B. Die Bearbeitung.

Wie die folgende Zusammenstellung beweist, weichen die glossirten Handschriften von den unglossirten und untereinander nicht nur insofern bedeutend ab, wenn die Glosse verschiedenen Schriftstellern gehört, sondern auch für denselben Schriftsteller. Die Abweichungen selbst betreffen bald die Reihenfolge der Decretalen beziehungsweise die Einfügung unter die Titelrubriken, bald die Glossirung der Decretalen, da in verschiedenen die eine oder andre nicht glossirt ist, bald den Umfang der Sammlung, indem in einigen Stücke aufgenommen sind, welche theils Innocenz IV. nicht angehören, theils nicht in seiner Sammlung standen. Höchst wahrscheinlich liegt der Grund bald darin, dass der Glossator seine anfängliche Glosse erweiterte, bald in der Ergänzung durch Dritte. Letzteres wird dadurch annehmbar gemacht, dass die Einschiebsel vielfach ohne Glosse sind. Seine äussere Erklärung findet der ganze Vorgang in dem Bedürfnisse vor dem Erscheinen des Liber sextus die Decretalen möglichst vollständig zu besitzen.

Die Angaben bezwecken, ein genaues Bild zu geben, es soll jedoch, da es sich nur um eine Ergänzung handelt, blos das neue und zugleich sachlich interessante Detail berührt werden; die Rubriken, Inscriptionen u. s. w. brauchen somit nur ausnahmsweise hervorgehoben zu werden.

I. Als eingefügte Theile der Gregorianischen Sammlung haben sie glossirt.

a. Innocenz IV. in seinem Apparato (D. Seite 760, Note 1.) und zwar Nummer 1.—9. 11.—16., [Cum in obtinendis] 17., 18. 20. 19. 21. 24. 23. 22. 25.—27., Ut super appellat, 28. 29. 31. 33.—41., Venerabilius, 42. Handschriften dieses gedruckten Werkes anzugeben ist überflüssig.

b. Bernhard von Compostella (D. Seite 761. 765). Handschriften:

1) Leipzig, Univ. 967. mbr. fol. s. XIV. hat die Nummern 1—5. 15—17. 31. 34. unter den betreffenden Titeln.

2) Tours, Stadtbibl. 571 (J. Seite 429) in folgender Gestalt: Num. 1., Publicationsbulle Cum nuper, 2.—11., Ecclesia quae, 12.—18. 20. 19., Mediatores, die Publications-

bulle Ad haec von num. 20., 21.—29., Gravem nobis, Significasti nobis, 30.—40. 42. Ohno Glosse: (cum nuper, adhaec) ecclesia quae, mediatores, gravem, significasti, 30.
3) Göttingen, Univ. ms. jur. 153. mbr. ,fol. s. XIII. auf XIV. Sie hat mit dem jedesmaligen Boisatze nova constitutio im Buch I. Tit. de rescriptis 1. 2. 3.; de consuet. als drittes ‚nova const. *Rom. Pont. qui iura'*; de postul. ad hace ohne den Text, dessen Raum leer ist, während die Glosse sich an allen vier Seiten befindet; do elect. 4. 5.; de suppl. 6.; de off. vic. 8.; am Ende des Buches: ‚Incipiunt novae constitutiones Innocentii quarti in concilio Lugdunensi. De reser. J. E. S. S. D. dil. fil. univ. magistrorum et scolar. *parisiis et bononie* studentium s. et a. b. Cum nuper', darauf 6. 7. (beide unter de supplenda neglig. prael.), de off. leg. 10., de off. jud. ord. 11. Dieser Anhang ist ohne Glosse. Im Buch II. unter den gewöhnlichen Titeln Num. 12.—22., am Ende kein Anhang. Im Buch III. Num. 29. 30. 32. ohne Glosse, 33. 34. Die übrigen fehlen.

4) * Breslau, Universitätsbibl. (Theiner Disquisitiones p. 65, 69 sq.) II. F. 29. in der D. Seite 765 Note 13 angegebenen Ordnung. Die'Glosso fehlt zu 19. 20. 22—24. 30. 32.

5) * Königsberg, Universitätsbibl. Vgl. D. S. 766, Note 14.

c. Boatinus von Mantua (D. Seite 772 ff.).

1) Prag, Böhm. Museum I. B. 4.
2) Wien, Hofbibliothek num. 2219 (oben num. XXVII).

II. Zur Sammlung als eines selbstständigen Ganzen finden sich Glossen von:

a. Bernhard von Compostella.

1) * Breslau, Univ. II. F. 30. (D. Seite 761).
2) * Breslau, Univ. II. F. 32. (das. S. 762).
3) Erlangen, Univ. 464 (das.).
4) * Königsberg, Num. XII. (das. S. 765).
5) * Königsberg, Num. XIII. (das.).
6) * Florenz (das. S. 765).
7) Berlin, kön. Bibl. Cod. ms. lat. fol. 276 (das.).
8) Berlin, kön. Bibl. Cod. ms. lat. fol. 7. mbr. s. XIV.

Die regelmässig mit b. oder bb. signirte Glosse erstreckt sich auf alle Capitel mit Ausnahme von 30 u. 32.

9) Chartres, Stadtbibl. 326 (J. S. 474). Sie hat 1.—18. 20. 19. 21.—29. 31.—42. Ohne Glosse 24. 32., die Publicationsbulle u. 30. fehlen.

10) Leipzig, Univ. 965. mbr. fol. s. XIV. ohne Publicationsbulle hat 1.—6. 8.—18. 20. 19. 21. 22. 25.—27. 31. 34.—40.; Grandi non 7.; 28. 29.; 30. ohne Glosse; 32. mit Rubrik und Glosse; 33. 42; dann nochmals 40. ohne Glosse, 41. mit Glosse, 23. mit Rubrik und Glosse, 24. mit Glosse, gezeichnet b'.

11) Fulda, D. 24. mbr. fol. s. XIV. (ehemals zu Weingarten) mit Bulle für Paris (in der Ueberschrift aber ‚misse univ. mag. et scolar. par. et in eundem modum bon.') hat: 1.—6. 8.—22. 25.—27. 31. 32. 34. 35. 37. 36. 38. 39. 40. 28. 29. 33. 30. 42. Von 28. ab fehlt zu den 5 letzten die Glosse.

12) Wien 2056.

13) Leipzig, Univ. 966. mbr. fol. s. XIV. viertes Stück, unvollständig, hat: 23. 24. (Glosse mit b'. gezeichnet) 28. 29., 30. ohne Glosse, 33. 41. 42. Die Glosse folgt jedesmal auf den Text in dessen Form. Nach 23. steht eine Bemerkung mit h. signirt, alle anderen haben b.

14) Leipzig, Univ. 1026. fol. mbr. s. XIV. nach den Casus decretalium Bernhardi, die mit Praemissa salutatione anfangen, stehen ohne den Text die Glossen zu: 1.—6. 8.—14. 16. 18. 20. 19., 15. (mit richtiger Rubrik), 20. (ad haec), 21. 22. 25.—27., Cum autem, Sententiis, Romana, 34. 35.—40. 7. 23.; Praeterea 24. (wie sich aus dem Inhalte ergibt); 28. 29. 41. 42, ‚Expliciunt casus super Gregorianas'.

Anfang: ‚Incipiunt innocentiana de rescriptis. *Cum in multis.* Olim ante istam constitutionem per clausulam illam generalem ‚quidam alii', quae aliquando ponebatur et adhuc frequenter ponitur in rescriptis, conveniebantur usque ad XL. per interpretationem quorundam doctorum, per quod multum ordinaria jurisdictio diminuebatur. Propterea statuit dominus papa Innoc. IIII., quod de cetero per clausulam illam ‚quidam alii' ultra III. vel quatuor quidem in judicium non trahantur et nomina illorum IIII. in prima citatione, quam judex fecerit de aliquo illorum quatuor, quos convenire intendit impetrator,

ne postea possit variare fraudulenter. §. Nota, quod iufinitas restringenda est sive generalitas.'
15) Wolfenbüttel, 12. II. f., mbr. s. XIV. zweites Stück. Nach dem letzten cap. (veniens) steht noch Dil. fil. 41., Perlectis lit. vestris, Grandi 7.
16) Chartres 477 (J. Seite 490) mit Bulle für Paris, 1.—18. 20. 19., Mediatores, 21., Vener. fratrum, 22.—27., Licet in beneficiis, Brevi responso, Quaesivit, 28. 29., Gravem nobis, Significavit nobis, 30. 31., Quondam Th. de, 32.—40., Perlectis vestris lit., 41. Ardua meus, Viri eccles., Ad expediendos modos, 42.
17) Bibliothek Böcking's. Jetzt mein. Bulle für Paris, dann 1.—18. 20. 19., Mediat., 21.—27., Licet i. b., Brevi, Quaes., 28.—40., Perlectis, 41., Ad exped., 42. Nicht glossirt: Med., licet, 30. 32., brevi, quaes., perl., ad exped. Dieselben nebst Ven., Gravem, Signif., Quond., Ardua, Viri eccl. sind auch in Num. 16. ohne Glosse.
18) Leipzig, Bibl. G. Hänel's. Bulle für Bologna, dann 1.—5., Cum inter ven. 6., 8.—14. 16.—18. 20. 19. 17. 21. 22. 25. - 27. 31. 32. 34.—40., Ven. fr. n. Rothom., Gravem, Ven. frater n., In recta statera, Exhibita nobis, Rom. pont. qui jura, 33. 30., Johannes Fragapane, 42.
19) Wien, Hofbibl. 2084. mbr. fol. s. XIV. von fol. 214 an, hat: 1.—6. 8. 9. 12. 10. 11. 12. 13.—18. 20. (blosser Anfang Praes.) 19. 21.—23. 25.—29., Gravem, Significasti nobis, 30.—32., Nullum eorum, 33.—40. 42. Dann Bulle für Paris, 7. 11., 20. (adhaec, der Wortlaut ist verarbeitet); 24., Sane quia, 41. Eine Glosse haben und zwar nicht in der Ordnung, welche der Text der Handschrift einhält, sondern in nachstehender: 1.—6. 8.—18. 20. 19. 21.—23. 25.—29. 31. 33. 40. 42., im Nachtrage 24. 41.
20) Montpellier, H. 9. (J. Seite 403). Ohne Glosse 24. 30. 32.
21) Fulda, D. 21. Es fehlt nur 30.
22) Chartres, 263 (J. Seite 470). Nicht glossirt das fehlende 30, Sane quia, 32.

In diesen zahlreichen Handschriften, worin Bernhards Glosse vorkommt, fehlt die Glosse zum c. 30. non solum. Hierdurch ist wohl unzweifelhaft, dass Bernhard es nicht glossirt hat. Da auch alle anderen Apparate es übergehen, darf man kühn annehmen, es sei von der Schule nicht recipirt worden. In den Liber VI. wurde es aufgenommen, aber Alexander IV. beigelegt. Mit Rücksicht auf dieses frühere Schreiben darf man annehmen, es sei von Alexander IV. aufs Neue publicirt worden.

Offenbar enthalten verschiedene der angeführten Sammlungen Anfänge der erweiterten Sammlung. Weil jedoch keine der nicht schon in Innocenz IV. authentischer Sammlung stehenden Decretalen glossirt sind, lässt sich vermuthen, diese erweiterte Sammlung habe als solche kein Ansehen genossen.

Da die neu aufgenommenen Decretalen sämmtlich bereits in meiner früheren Abhandlung ‚Die Decretalen' u. s. w. besprochen worden sind, habe ich weitere Nachweise für unnöthig gehalten.

b. Petrus de Sampsono.
1) Wion, Hofbibl. 2083.
2) Leipzig, Universitätsbibl. 966. zweites Stück.
3) Greifswalde, Universitätsbibl. mbr. signirt *I. 4.*, in 4", saec. XIV. (Publ. Bulle für Paris).
4) Angers, Stadtbibl. 364. fol. mbr. saec. XIII. (Iter S. 445.)
5) Genf, Stadtbibl. Num. 59. mbr. fol. saec. XIV. (Iter S. 366).
6) Fulda, D. 10. mbr. fol. saec. XIII. auf XIV. (chemals Weingarten).
7) Wolfenbüttel, 437. H. f., mbr. saec. XIV. (defect).

Es ist unzweifelhaft, dass Petrus de Sampsone glossirt hat die Nummern 1.—6., 8.—22., 25.—27., 31. 32. 34.—40. Darin stimmen überein alle Handschriften, mit Ausschluss der etwas defecten 7. Fasst man ins Auge, dass die Handschriften sub 2 bis 6 auch *nur* die aufgezählten enthalten und commentiren, dass in der Leipziger Handschrift die Nummern 23. 24. 28. 29. 30. 33. 42. zu den betreffenden Titeln jedesmal am Rande durch Anführung der initia angedeutet werden, wodurch indirect gesagt wird, dass sie zu der Arbeit nicht gehören, dass in derselben Handschrift nach 40. noch 30. geschrieben, aber wieder durchstrichen ist: so darf man wohl annehmen, dass Petrus überhaupt nur die angeführten glossirt hat. Dem steht entgegen die Wiener Handschrift, in der sich zu den Nummern 1.—4. 6. 8.—18. 20. 21. 22. 25.—29. 31.—36. 38.—40., insbesondere 42., Glossen finden. Da aber keine der Glossen zu den in den übrigen Handschriften fehlenden Decretalen die Sigle des Petrus trägt, so darf man wohl annehmen, dieselbe sei von anderen zugesetzt worden, wie das ja öfter geschehen ist. Was die Ordnung betrifft, welche für die ursprüngliche Sammlung nicht entscheidet, so weichen die Handschriften dadurch von einander ab, dass die einen 18. 20. 19. 21. 22. haben, nämlich 1. 4. 5., die andren die gewöhnliche Ordnung, 2. weiter hat 35. 37. 36. 38., 7. aber 20. 22. 25. 26. 21. 27. Es zeigt sich hieraus wohl hinlänglich, dass die äussere Ordnung eine zufällige ist.

c. Abbas antiquus.
1) Prag, böhm. Museum I. B. 3., mbr. fol. saec. XIV.
2) Daselbst I. B. 4. mbr. fol. saec. XIII. auf XIV.
3) Prag, Capitelsbibl. von St. Veit J. XV., mbr. fol. s. XIV.
4) Bamberg, P. II. 8. mbr. fol. s. XIV.
5) Cassel, ms. jur. in fol. 5. mbr. saec. XIV.
6) * Vaticanus Palat. DCLV. (Sarti I. p. 368).
7) * München, Hofbibl. Cod. lat. 6349 (Phillips IV. S. 329, Note 47).

Alle fünf von mir selbst benutzten Handschriften haben den Commentar nur zu folgenden Nummern: 1.—6. 8.—22. 25.—29. 31. 33.—40. 42. Es kann daher wohl keinem Zweifel unterliegen, dass diese Uebereinstimmung keine zufällige, sondern in dem Umstande begründet ist, dass Abbas nur sie glossirt hat.

d. Henricus de Segusia (Hostiensis).
Ueber ihn vermag ich aus Handschriften nichts Neues beizubringen.

Zum Schlusse weise ich hin auf die oben in den §§. XXXV. und XL. stehenden Mittheilungen.